鄉醫鄉依

謝春梅回憶錄

何來美——著

目次

序一　醫道人生

家鄉人可知家鄉事？頃接來美兄撰寫春梅醫師回憶錄初稿，翻開目錄，每一章節，分別呈現了過往石圍墻人情事故的歷歷影像，內心激動，恍如時光倒流，心神陷入石圍墻舊日時光幻影中。

石圍墻是我表哥春梅醫師呱呱落地的胞衣跡，也是向來養我育我的母土家鄉。表哥和我都是佃農出身，姨媽與母親都是出生兩歲時，因外公吸食鴉片，賣盡田產，難以存活，先後被賣到石圍墻謝、張兩窮苦農家當童養媳。

新妹阿姨與家母六妹，熬過苦澀年歲，轉做大人，先後成為人母，在早年苦困社會，謀生不易，求職困難，窮苦人家，無田可耕，即使求做零工，也得看人情面色，現實環境如此，也莫可奈何。

新妹姨深知兒子墾田耕種無望，坐困不是辦法，唯有讀書學藝，才有出路改變命運，因此省吃儉用，督導表哥讀畢公館公學校後，得緣出外習醫學藝。在歷經諸多困頓變異和忍耐堅持下，苦心人天不負，有志者事竟成，終於取得了醫師行醫執照，旋即選擇公館上六庄居中地——福基，開業懸壺濟世。

當年醫療設施不足，需醫孔急，春梅醫師原以為行醫範圍就限公館南六庄，哪知他的醫術與熱忱，很快就醫名遠播，患者擴及銅鑼、大湖、獅潭、泰安等地。遇老弱殘疾行動不便患者，縱使地處偏遠山區，春梅醫師也不辭勞苦，跋山涉水，應急外診，致他行醫是在院看病與外出看診並行，也得到病患的敬重與感謝。他內外看診，費心費時費力，患者病情多樣，全靠他的用心智慧，以及不斷的學習進修，累積了他豐富的經驗和診斷拿捏準度。

一路走來，外診行走，增強了春梅醫師的體能健康，而不分男女老幼的百樣疑難雜症，也豐富了他的聽看觸壓和察言觀色的整體診斷能力，因此到今天他不愧是全台行路最長，經驗最豐富的醫界長者。

表哥長我十六歲，外出習醫時我還未出生，表哥取得行醫執照開業看診時，我已是稍知人我的少年了。他事親至孝，雖然租屋行醫，卻先在石圍墻北柵門外，父母租耕的公有地上，起造了一座瓦屋供父母安住。課餘閒暇，我常跟母親到阿姨家，她們姐妹情深，相聚閒談家居事物人情，我都在旁，這景像依然清晰，記憶深刻。

猶記當年新居落成，在廳廈門口，謝家寶樹堂號兩側，紅漆點底，黑漆書寫：「寶燭夜光堪誦讀，樹林春暖可耕田」，字體圓潤端正。數年後，長房姨丈被上吳屋的表哥同學明順慫恿設計，而做五十一歲壽慶，記得當時賀客滿庭，五十桌坐滿。來客都是長者，現已復不記憶，但門聯兩側新貼一幅紅紙黑字對聯：「八月涼秋，宴起北門通北海；五旬衍慶，壽延南極頌南山。」八月涼秋、五旬衍慶、北門北海、南極南山，我不知甚解，只知好念好記，就當歌誦唱，而今竟然還能背誦。

過幾年表哥堂弟謝冬嶽也將庄內老屋改建青堂瓦舍，廳中一幅對聯：「冬木育成林堅霜耐雪；嶽嶺生瑞色苦盡甘來」。短短十八字，把冬嶽哥窮苦出身到出頭天的歷程，用詞含義，平白又卻富寓意。

而他同學明順村長的伙房門前雕刻門對：「看階前草綠苔青一門生意，聽墻外蟬琴蛙鼓四境昇平」。以及表哥同業好友，家住公館老市場內的葉錦福均安堂號：「均然可達生白頭蒼耳千年健，安心能活命益母使君百子仁」。這些他居家周遭出現的妙聯佳句，必定是他知交好友的手筆，也可一窺表哥的交遊對象品味，並不限於病友患者親鄰了。

回味文人雅士情趣，倒也不能忘卻姨媽、母親經常出口成章，生涯體驗的俗語警句，這些句子到今天還能耳熟能詳地銘記在心。如：「早起三朝當一工」、「茅寮出相公」、「萬丈高樓從底起」、「敢去就一擔樵，毋敢去就屋家愁」、「打田打地，打毋忒手藝」、「看人面毋當（不如）看泥面，求人膝頭毋當求自家肩頭」等，都是刻苦自勵的言詞，出自劬勞備嘗的母、姨口中，我想潛移默化中，在在影響了表哥昆仲充滿力爭上游，刻苦自勵勁度和耐力了。

春梅醫師寒門出身，腳踏實地，居於平凡而安於平凡，凡事但求諸己，行醫是他的天命，也是他的信仰，在他近百年的醫道生涯，看人間事感受得太深太透徹，因此他低調而不出狂言，問世間情他嚐得太濃太澀，因此他冷靜而不形於色。生命歷程的點滴冷暖悲喜，積澱了他寬懷堅毅的人格特質，進而把有限的生命作無限的奉獻。

二〇一七年秋，春梅醫師獲頒資深醫師貢獻獎，鄉中熱心人士彭鈺明、劉明猷建議為國之寶的謝老醫師舉辦沐恩晚會，由地方熱心人士黃日華、林瑞英及春梅醫師的姪兒謝其俊醫師資助，以四炆四炒客家菜宴請醫界名流賓客，請來客家名吟唱詩人陳永淘，偕同張秀美、古慧慧、黃文宇等音樂家熱情贊助演出，充分表達了鄉親對醫界長者尊榮敬沐之意誠。熱情過後，感動之餘，多人建議敦請同是出身公館的文史作家何來美，為春梅醫師寫回憶錄，記錄其精彩人生，讓後人效尤。

來美兄是資深媒體人，立論公正，文筆流暢，德行一流，他視覺敏銳，思慮清晰，對人、事、物的洞察透徹明確，對於事物把握重點，直搗核心，而不偏離；經數十次訪談，不但呈現事實，挖掘真相，更旁徵博引，許多幾乎淡忘消失的過往，在他精準拿捏下，又栩栩如生呈現，彷彿時光倒流，豐富了回憶錄的可看性。而謝醫師的記憶力也特強，像本活字典，在來美兄老到採訪經驗配合下，兩人可說一拍即合，不響也難，致這本回憶錄，非但是春梅醫師個人醫道行誼的記錄，更是百年來鄉親鄉情人情事理的史詩，既珍且貴。

秋台學淺才疏，來美兄以春梅醫師是我表哥為藉口，要我寫序，逼我沉淪，情非得已，只好以牛作馬了。藉此，我要道出我真心的感動，這本回憶錄揭開了石圍墻、公館客族開發血淚史詩，也展現了客家人存在的溫情與毅力。

家鄉人可知家鄉事？要知家鄉事，就看這本回憶錄。這本回憶錄來自偶然，卻也意味必然，一百多年前公館尖山劉氏雙舉人（劉獻廷、劉禎父子）祠堂已預言這必然。「讀史仰前徽，正字校書數百載，往古來今追世德，非誇世德；就時談近事，鄉場會院兩三代，登先步後振其裘，克紹箕裘。」拜讀這本回憶錄，賞析雙舉人祠堂棟對，警覺是預言？是啟示？是激勵！對謝家、對作者、對家鄉人，平心暗想，世間事真奇妙。

張秋台

民國一〇七年七月三十一日

寫於福基老家畫室

序二　視病猶親的鄉醫

二〇一八年端午節前一天，我到福基診所探望謝春梅醫師，巧遇何來美兄與謝老醫師洽談回憶錄出版事宜。我認識謝老醫師超過三十年，先父母生前生病大都請謝醫師到家裡出診，在謝醫師細心醫護下，先父享年九十二歲，先母享壽一百零一歲高齡才升天，致我對謝老醫師萬分感激。

來美兄擔任聯合報記者、特派員、地方新聞中心副主任、晚報主任多年，文筆流暢，敘事清楚，對地方文史也有豐富的研究，故謝老醫師回憶錄由他來執筆，再適合不過了。謝老醫師要我為他的回憶錄寫序，令我誠惶誠恐，基於對謝老醫師的感恩及欽佩之情，能為此書寫序是我的光榮，但又怕筆拙，無法寫出他精彩人生的精髓。

先父母均生於民國元年，如算農曆父親是民國前一年出生。父母一輩子都務農，身體算勇健。民國七〇年間母親突然身體半邊無力，無法行動，國香堂哥建議謝醫師到家出診，謝醫師診斷是中風。起初謝醫師天天到家裡給母親打針施藥，後改為隔天來，過一陣子即痊癒，可繼續種菜，做家事。這是我與謝醫師結緣的開始，那時我在軍中服役，只有放假時見過謝醫師幾次，知道他醫術很好，把母親醫好了。

一九八六年端午節前夕父親中風，也是請謝醫師到家裡出診，他密集到家裡施以藥劑，父親逐漸康復，可以自行走路，但數年後因寒流來襲，疏於注意保暖，父親二度中風，這次比較嚴重，經謝醫師治療後，父親由人攙扶仍能行動。

父母晚年身體只要稍有不適，除非達住院程度，都請謝醫師到家出診，因此謝醫師可說是我們家的家庭醫師。他除問診外，還會聊其他話題，所以父母看到謝醫師，病就好了一半。謝醫師到家裡出診，只要我在家，都停留比較久，我雖是晚輩，但他常和我談論過去行醫經驗、以前民情風俗、地方政壇變動，乃至針砭時政，和我無話不談。這本回憶錄所載很多事情，謝醫師也曾和我講過。

謝醫師生於日據時期，係佃農之子，從小幫忙農事，年少時富冒險精神，勇於嘗試新的東西。十五歲公館公學校畢業後，考過熊谷飛行學校，到嘉義商工念了一年書，學過做齒模，當過藥童，先後跟隨多位醫師學醫，其中擔任舅舅吳遠裕醫師的助手時間最長，因舅舅外務繁忙，醫院很多事情都由他處理，因此練就一身功夫及為人處事的能力。

謝醫師廿二歲通過台灣總督府乙種醫師試驗及格，但台灣總督府遲了一年，於一九四五年十月廿五日受降日始由末代總督安藤利吉頒發「醫師免許證」給他，同年謝醫師開設福基診所行醫至今，行醫邁入第七十四年，為目前台灣行醫時間最長的醫師。

謝醫師接受日本教育長大，個性嚴謹，做事一絲不苟，自我要求甚高，他行醫目的在於救人，給地方人方便，並非以營利為主要目的，所以迄今每年大年初一診所均不打烊，全年無休，這不是一般人所能做到的。

他的病人主要來自公館、獅潭、大湖、泰安、銅鑼等偏鄉，這些地方早期交通不便，縱使現在公車路線也是很少，班次更少得可憐，謝醫師常下鄉出診，免去病患就醫的不便，尤其是家有行動不便的老年患者，年輕人要上班，只有請謝醫師到家裡出診，才能免去一人看病全家總動員的窘境。謝醫師對病患不只醫病，也醫心，他視病猶親的態度，讓病人及家屬對他都非常信賴，在這醫病關係緊張的年代，已經不多見了。

謝醫師近年來也從事驗屍工作，自然死亡或病死，可由醫師行政相驗，開具死亡證明；而報請檢察官相驗，程序較為麻煩，時間也會拖比較久，但家屬常常急著要辦喪事，所以在家屬對死因沒有爭議的情形下，常找謝醫師行政相驗，讓往生者早日安息，給喪家很大方便，也節省了地檢署檢察官相驗的工作，可說是大功德一件。

台灣自日據時代開始，即有「醫而優則仕」的風氣，謝醫師行醫外，也關心地方政治，年輕時擔任過公館鄉民代表、代表會副主席，後因被徵召擔任軍醫半年，才未繼續從政。然而，謝醫師仍積極幫人助選，舉薦賢才為社會服務，尤其輔佐二夫人劉蓮英選上一屆公館鄉民代表、連任四屆縣議員，為民喉舌，造福桑梓，對地方政壇貢獻甚大。

謝醫師雖非正科醫學院畢業，但憑其認真好學，由醫師助手做起，考上醫師執照，再參加醫師訓練，所學涵蓋內科、眼科、婦產科、外科，從一九四五年執業至今，已邁入第七十四年，除出國外幾無休息，年逾九旬仍參加醫學研習活動，此服務精神與工作毅力，實非常人所能及。

拜讀這本回憶錄，除讓我們知道更多謝醫師在偏鄉行醫，給病人方便、視病猶親的故事，也了解百餘年來石圍墻所經歷的多次災變、動人的愛情故事和地方軼事，以及他對地方公益的奉獻。因此這實是本以謝醫師為主軸的近代醫療史、地方史，值得一讀。

宋國鎮

民國一〇七年七月十五日

寫於苗栗地方法院

作者序

謝春梅醫師近百高齡仍下鄉行醫、驗屍，地方人士感佩，發起「春梅醫師行醫七十三年沐恩音樂會」，二〇一七年十一月十八日晚在福基國小熱鬧舉行，我應邀參加，場面熱鬧溫馨。

感動之餘，我在臉書貼文「向九十六歲高齡老醫師謝春梅先生致敬」，多位網友建議我，身為公館人，何不幫老醫師寫回憶錄？音樂會發起人張秋台、彭鈺明、劉明猷也勸進，我拜訪謝老醫師後，他亦有所期待。

二〇〇八年謝春梅獲得醫療貢獻獎後，媒體與文史作家採訪不斷，但內容都侷限於偏鄉行醫與下鄉驗屍；我決定拉開格局，希望從鄉土史、醫療史的角度，為這位偏鄉老醫師豐富多采的人生閱歷及世事滄桑，留下最忠實的記錄。

我劍及履及，十一月二十七日展開採訪，上午九點到福基診所，發現還有幾位病人等他看診，且九點半又要下鄉驗屍。「天啊！老醫師怎那麼辛苦？」他說中午比較有空，我問「您不午睡嗎？」他說沒有關係，他是7-11，隨時待命，全年無休。

我遵照他的建議，隔天中午終於採訪到他，他坐在餐廳籐椅，邊看電視股盤，邊打盹。謝春梅話匣子一開，人文軼事娓娓道來，頭腦清晰，史料無誤，我打從心裡折服。

從那天起到二〇一八年初，我幾乎每天中午都到診所訪問他，寒流一波波，他開電暖器取暖，常累得睡著了，護士賴明珠要叫醒他，我說不要吵他，讓老人家多睡一會。當他醒來時，往往又有病人要看，或要下鄉驗屍；他跟我說抱歉，我說沒關係，看病、相驗優先。

前後採訪了兩個多月，有時難得聊上一個多小時，有時只有十來分鐘，有時我剛到，他又要下鄉，根本沒採訪。

有天寒流來襲，他單驗屍就跑了五、六趟，全縣奔波，從早忙到晚，且診所還有病人要看；我望著他瘦小、佝僂的背影，看了非常不忍，步上前輕拍他的肩膀：「春梅伯，您真的太辛苦了！」他說：「給人幫忙，就算做功德。」

謝春梅兩年前施打骨泥，加上齒痛吃不下，體重暴瘦到只剩四十一公斤，家人為他健康著想，都勸他不要做了，但行醫一生無休的他，「工作就是生命力」，跟他三十餘載的賴明珠也說「先生一坐下來，唉唉痛痛，但下鄉精神就來了。」

「人有悲歡離合，月有陰晴圓缺」，近廿餘年來謝春梅連遭女婿、子女、內外孫喪生之痛，以及兒子事業的失敗；在採訪過程中，我一直不忍碰觸他最傷痛的這塊，但又不能不問，而他外表堅強，其實內心脆弱。長女謝玉枝去世已逾二十年，去年底他到新店參加外孫婚宴，想到去世的女兒無法分享愛子成家的喜悅，竟不禁淚流滿面。

「順親心忠臣孝子，讓弟姪至德仁人」，謝春梅也身體力行，姪兒謝其文、謝其俊念醫學院時，他長期贊助學費，兄弟對伯父亦充滿感恩，但他從不提此事，並以姪兒為榮，且一再讚許弟媳潘蓮招家族基因好，教子有方。兄弟倆接受訪問後，也連袂去探望伯父，而謝春梅常掛在嘴邊的是「子是姪，姪也是子」，不分彼此。

日治時期為解決偏鄉醫師不足，設立「師徒制」醫師養成辦法，透過乙種醫師考試及格，取得偏鄉醫師開業執照；而謝春梅的醫師開業執照，是台灣末代總督安藤利吉於治台最後一天所核發，他也在偏鄉行醫至今，見證了日治時期至今偏鄉醫療的發展。

尤其是光復初期的偏鄉，多種傳染病死灰復燃，如天花、白喉、狂犬病⋯都曾流行，他在偏鄉行醫，有如偏鄉保護神，跋山涉水，視病猶親，救了不少人。

他早年跟隨舅舅吳遠裕學法醫，近廿年來多數醫師不願從事行政相驗，但他卻視看往生者最後尊容，如做功德；這使我想到感人的日本劇情片《送行者：禮儀師的樂章》，他對死者的尊重，就跟日本這位用心的遺體化妝師一樣，都是人道送行者。

先父曾是謝春梅的病人，五年前往生，並未請他相驗，也未發訃文給他，但他得知仍來上香，拉開布幔，瞻仰遺容說「很慈祥」，後還包了奠儀，讓身為孝子的我深受感動。

謝春梅生於石圍墻，石圍墻又名南粵庄或石城，一八一七年吳琳芳召集六庄人募股開庄，到去年剛好兩百年。謝春梅從佃農之子到執業醫師，曾受到多位鄉賢的提攜；而石圍墻多彩的人文歷史，多次的天災地變，浪漫的愛情故事，以及庄民冒險犯難的拓墾精神，他也如數家珍，致他的回憶錄，亦有如是本石圍墻的村史。

的確，石圍墻開庄兩百年來，人文薈萃，一九四六年鄉賢陳漢初撰《石圍墻越蹟通鑑》，是石圍墻最早的村史；之後張毅將石圍墻拓墾與開採石油的故事寫成小說《源》，並先後拍成電影、電視劇集，獲得廣大迴響。

謝春梅見證了石圍墻，甚至公館鄉，百年來社會環境的變遷，他不僅是人人信賴的鄉醫，也是位人道送行者，將回憶錄取名《鄉醫鄉依》，即肯定鄉民對他的敬重與依賴。

採寫過程中，立委徐志榮的生母沈鳳招女士、陳日陞次子陳少君，分提供了石圍墻徐家、陳家兩大望族老照片；名水彩畫家張秋台、苗栗地方院庭長宋國鎮為拙作寫序，增添本書內容，亦表謝意。

我於民國六十七年（一九七八年）考進聯合報，派回家鄉擔任記者，今年剛滿四十年，雖於七年前提早退休，但仍採寫不斷；能獲謝老醫師的信賴，記錄他多彩不凡的一生，是我的光榮，除祝福他身體康健，百歲高齡時仍繼續行醫，成為人瑞醫師外；也希望《鄉醫鄉依》的付梓，能為鄉土歷史的傳承，略盡棉薄。

最後我要感謝「財團法人日月光文教基金會」，以及客家委員會，對本書出版的贊助與支持。

何來美

民國一〇七年六月三十日

清貧的童年

日治大正十一年（一九二二年）十一月六日（農曆九月八日），謝春梅生於新竹州苗栗郡公館庄石圍墻，父親謝長煌、母親謝吳新妹，是家中長子。謝長煌耕佃徐定標家田地，謝春梅從小就幫忙農事，後汶公路正在開闢，度過清貧的童年。

謝春梅出生那年，距清嘉慶二十二年（一八一七年）吳琳芳（一七八六年—一八五一年）被六庄（苗栗）人共推為總理，募股八十一份，開墾石圍墻庄，已過了一百零五年。距清光緒二十一年（一八九五年）日人據台，殖民統治台灣亦已邁入第二十七年。

台中霧峰的林獻堂與畢業於台灣總督府醫學校的蔣渭水⋯等台灣仕紳，不滿日人差別統治，為爭台灣人權，在一九二一年也成立台灣文化協會[1]，開始台灣文化啟蒙運動。

1 日治大正十年（一九二一年）十月十七日，台灣文化協會在台北市大稻埕靜修女中成立，有千人與會，林獻堂為總理、楊吉臣為協理、蔣渭水為專務理事。

祖籍廣東蕉嶺

謝春梅祖籍廣東省蕉嶺（舊名鎮平）縣，來台祖是十四世，先到苗栗西山落腳，到十八世曾祖父謝進安時，才搬到苗栗郡公館庄石圍墻。曾祖父謝進安娶曾祖母鍾和妹為妻，生有謝阿木、謝水妹兩子。

「謝水妹（一八七五年—一九二〇年）是我的祖父，曾祖父從苗栗西山黃屋抱來童養媳黃乙妹（一八七五年—一九三三年），明治二十五年（一八九二年）與祖父結婚，生有二男三女，長男謝長生是我伯父，次男謝長煌（一九〇一年—一九六九年）是我父親。」

祖母、母親都是童養媳

傳到謝春梅是二十一世，他這房傳嗣比較慢，如醫師謝明光、已故頭屋鄉長謝英傑，年紀都比他還小，他都要稱他們叔叔。祖父在他出生前兩年去世，母親謝吳新妹（一九〇三年—一九八八年）跟祖母一樣，都是從小抱到謝屋的童養媳，是銅鑼樟樹林吳阿欽、吳徐雙妹夫婦的次女。

謝春梅說，以前農村社會生活清苦，抱童養媳非常盛行，往往自己有女兒卻送給人，又再抱別家的女兒來養，只為了「三十暗晡送坐堆，做大人」，可以省筆聘金，也可增加人力幫手。水彩畫家張秋台的母親吳六妹，是謝春梅母親的親妹妹，都是童養媳，是吳遠球的父親吳元義作媒，吳遠球與他母親是堂姐弟關係。

未按字輩又女性化

「子孫字輩從父親開始是『長發其祥』，但我與小我十四天出生的堂弟謝冬嶽及二弟謝春蘭（一九二八年—二〇一八年），名字都沒有按字輩取，只有三弟謝發達按字輩取名，但出生才兩個月不幸死於大地震。」

謝春梅出生後與祖母、伯父謝長生、伯母謝邱福妹同住，堂兄弟姐妹中，還有大他四歲的堂姐謝招妹，父母後來也從公館館南傳屋抱來妹妹謝桂梅，但在家裡大家都叫她「菊蘭」。

「我的名字叫春梅，很多人以為是小姐，常接到謝春梅小姐、女士的信，這幾年還有人以為我是個『老婆婆』醫師。」謝春梅的名字是父親取的，父親識字不多，兄弟分取名春梅、春蘭，並沒覺得什麼不好，至少沒像祖父取名「水妹」，那就更女性化了。伯父有學過漢文，堂弟取名冬嶽，就氣勢不凡。

吮阿運伯母奶水長大

「母親生我時奶水不足，剛好阿運伯母（陳阿運之妻）生陳德勳，奶水多，有剩餘，母親乃揹我去吮她的奶水，故我也算是吮阿運伯母的奶水長大的。」

早期農村社會嬰兒哪有牛奶可餵，陳德勳晚謝春梅六個月出生，剛出生時食量小，陳母奶水有剩餘，乃成謝春梅的奶媽。陳阿運的女兒陳五妹嫁給邱招福，生有邱德光、邱德煥、邱德忠三子；謝春梅的堂姐謝招妹，嫁給邱招福的弟弟邱招祿，故謝、邱兩家有姻親關係。

邱德忠說，謝春梅碰到他常說「我是吮你外婆的奶水長大的」，是位非常懂得感恩的醫師。

耕佃徐定標的田地

「因辛亥年（一九一一年）大洪水沖毀石圍墻的人字礐（堤防），水本往石圍墻庄東邊流的後龍溪，突然改道往石圍墻庄西邊流，造成水打七十份，致那時石圍墻、官爺埔、中小義一帶還有很多河川砂礫地可以開墾，擔任公館庄長七年的徐定標是主要墾主，擁有不少田地，父親也是耕佃他土地的佃農，約有一甲地。」

大正九年（一九二〇年）四月，徐定標繼湯仕路之後擔任公館庄長，一直到昭和二年（一九二七年）四月再交棒給黃玉盛。徐定標跟日本官方關係很好，不僅集資雇工開墾田地，日本殖民政府為拓展台灣糖業，在公館也設立製糖會社，他與石圍墻保正陳捷順都是製糖會社委員，也在中小義、七十份一帶廣種甘蔗契作。

謝春梅從小佩服父親謝長煌的農事，佃耕的一甲地，「田頭田角」做得圓圓滿滿，農閒還幫忙開田，甚至遠赴台中后里一帶開田，賺取工資；母親除幫忙農事，當甘蔗工，農閒時也做小工，克勤克儉。

伯父母主內　父母親主外

「祖母賢淑持家有方，致父親與伯父，母親與伯母，兄弟妯娌間感情一直很融洽。伯父念過漢文較有學問，但身體較虛弱，除了當家，只做簡單農事，主要農事還是父親在做；同樣地，在家理料理三餐，餵養禽畜，照顧小孩的也是伯母，母親不是陪父親下田，就是打零工，致我們家是『伯父母主內，父母親主外』。」

謝春梅看父母常做到沒日沒夜，體恤父母，也很好使喚，五、六歲就會幫忙農事，如剛播種的秧田，擔心鳥群來啄，他會前往驅趕，坐鎮在田裡。堂弟冬嶽小他十四天，父親比較不會使喚，但也會跟著他做。

從小幫忙學習農事

「家裡耕了一甲地，除了蒔田（插秧）、挲草（跪田除草）、割禾（稻）請人換工外，其他田事都是父親一手包辦，我九歲入學，未入學前就幫忙挲草，致我念小三時，教農事的日本老師山岩根還當面誇獎我農事做得好。」

家裡沒有晒穀禾埕，每到收割季節，會先割一塊田地整平，再糊上牛糞成臨時晒穀場。碰到年冬好，收成佳，伙食不成問題，但若年冬差，收成不好，繳了佃租後，有時也會青黃不接，只好煮地瓜飯或糴穀青。那時沒有化肥，收成不如現在。

謝春梅也經歷農業機械化的變遷，小時都靠牛犁田，脫穀機沒有腳踏板轉動，都用人力

▲謝春梅的父母謝長煌（右起）、謝吳新妹夫婦與姑姑謝金妹及伯母邱福妹合影。

捧，因種的都是在來米，禾桿長又軟，小孩力氣不夠，根本幫不上忙。後來脫穀機進步到腳踩的，可轉動脫穀，之後才有電動馬達脫穀機。

建石墻、種刺竹、鳥不棲防禦

「小時候的石圍墻庄，用石頭建了圍墻，為了防禦，石墻上還種了帶刺的鳥不棲，石墻邊也種了刺竹，石墻上並有銃孔，這是一八一七年吳琳芳率六庄人開發石圍墻庄時，為了防禦所建。」

謝春梅小時看到的石圍墻還完整，直到昭和十年（一九三五年）石圍墻大地震，石墻與整個村莊房舍幾被震垮，後全面重建，當年的石墻遺蹟也僅留下目前的幾段。

「除了少數地方望族如徐炳祥、陳捷順、王添郎等，有磚瓦屋可住外，八成以上的庄民住的都是茅草屋，連屋內地板都是泥地，倒也冬暖夏涼。台電電路到民國四〇年代末期才牽到石圍墻，故以前多數庄民也是點煤油燈、瓦斯燈，家境好的才有蓄電池電燈。」

清貧時代　只求溫飽

謝春梅生在清貧時代，覺得庄民的生活都差不多，能夠溫飽就已不錯。家裡住的茅草屋，除了屋樑用材質較好的木頭外，建材是泥磚、茅草、稻草，麻竹，可就地取材；茅草屋頂每年冬或隔年冬都要翻新，否則茅草會腐爛漏雨，未翻新茅草也會越蓋越厚。

「閒時莫逗趣，年節不孤寂」，日子雖然清苦，但庄民過農曆年仍很重視，除了撞粫打粄，劘雞捋鴨，庄民甚至會私宰豬隻來分，讓年過得豐盛些。過年有新衣穿，有粄有肉可吃，大人可休息幾天，不會打罵小孩，跟著父母到銅鑼樟樹林「轉妹家」，又可飽餐一頓，並有長輩給壓歲錢，仍是他一年之中最快樂的時光。

母親參與開闢後汶公路

「我七、八歲時，母親到上福基一帶開闢後汶公路，一邊是山壁，一邊是後龍溪，為了開鑿山洞，有時還用炸藥。中午我常跟祖母從石圍墻走路到上福基送便當給母親吃。大湖到苗栗亦建有輕便車軌道，比巴士還早行駛。」

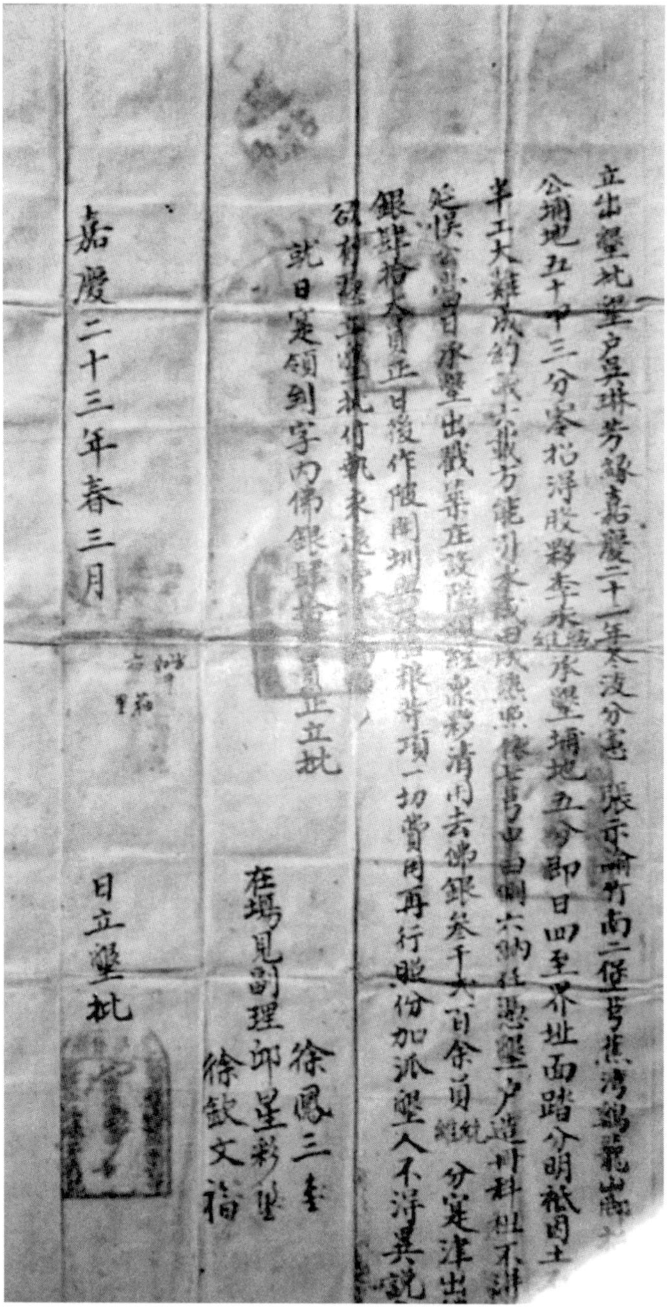
立出墾批墾戶吳琳芳緣嘉慶二十一年[illegible]
[illegible]
就日定領到字內佛銀肆拾[illegible]正立批
在場見副理卯星彩
徐鳳三
徐欽文
嘉慶二十三年春三月
日立墾批

▲清嘉慶二十三年（一八一八年）簽訂的拓墾契約書。

謝春梅的小姑丈鄧鏡華（小姑媽謝金妹的先生）是輕便車車夫，徐慶和是台車主任，那時推輕便車是謀生行業，可以載貨亦可以載人，從福基到苗栗是下坡，從苗栗到福基則是上坡，在台灣光復前後是重要的交通工具，坐輕便車福基到苗栗約半小時，直到光復後幾年才拆除。

石圍墻庄有兩家雜貨店，徐炳祥家就開了一間，但過年要買鞋子、新衣，仍要走路到隘寮下（公館街上）或坐巴士到苗栗街買，印象中他念國小三年級時就有巴士行駛大湖到苗栗，但班次很少，而祖母好像在巴士行駛前就去世，沒有坐過巴士。

辛亥年後龍溪改道

受日本殖民政府在河頭（福基）建堤防影響，明治四十四年（辛亥年、一九一一年）七月初，因連遭兩次颱風豪雨侵襲，石圍墻庄早期建的「人」字礐遭山洪沖毀，連福基石堤也潰堤，氾濫成災，從此後龍溪主流改道往西流，「芎中七石隆興」地貌也被迫分離。

「芎中七石隆興」一剖為二

「我出生時後龍溪已改道，聽長輩說以前後龍溪主流經石圍墻庄東邊，經中小義、水流娘，但辛亥年（一九一一年）一場山洪，因河頭（福基）日本人做礐後，水卻往石圍墻庄西邊改道，不僅水打七十份、中心埔、芎蕉灣，石圍墻庄也沖毀上百甲田地。」

謝春梅在後龍溪改道後十一年出生，老一輩對當年「上夜水打人字礐，下夜水打七十份」都心有餘悸。那年石圍墻庄開庄已九十四年，早已家戶林立，雞犬相聞，但一場山洪卻重創「興隆區」，不僅人員傷亡，田園流失，房舍沖垮也非常慘重。

興隆區在日治初期，本管轄現銅鑼鄉芎蕉灣（竹森村）、中心埔、七十份（中平村）、公館鄉石圍墻（石墻村）及銅鑼鄉老雞隆（興隆村）等地，即所謂的「芎中七石隆興」五庄，五庄也相連一塊，石圍墻先賢徐炳祥（一八六三年—一九三四年）還擔任過興隆區區長。

但辛亥年後龍溪因山洪改道後，將「芎中七石隆興」一剖為二，由南北往，東岸是石圍墻、七十份、中心埔；西岸是老雞隆與芎蕉灣。

「人」字磜本分散溪流

世居石圍墻的邱德忠，成大中文系畢業，在苗栗高中擔任國文老師到退休，他聽老一輩說，「人」字磜建在上坪、河頭（福基），石磜成「人」字形，早期分散溪流，後龍溪的溪水，從河頭以下，一部份流經石圍墻庄東邊，經福基、福星、中義村到水流娘；一部份則從石圍墻庄的西邊，流經七十份、中心埔到芎蕉灣，再於水流娘匯合。

辛亥年「人」字磜被沖毀後，後龍溪主要溪流變成往石圍墻庄邊流，芎蕉灣的田並有數十公頃遭流失，而東邊的河床地，後來才漸漸開墾成良田。

陳漢初記錄這場水患

石圍墻先賢陳漢初（一八九五年—一九七三年）曾目睹這場大水患，他於昭和二年（一九二七年）著的石圍墻村史《石圍墻越蹟通鑑》第十三章「水害水利」，記錄了這場水患：

> 辛亥年七月二日至七日連續兩次颱風，第二次颱風不論風雨，俱打破歷史紀錄，人字磜沖毀，連福基石堤大破至剩餘數丈而已，氾濫本庄及福基、中小義、七十份、中心埔、芎蕉灣等庄，悽慘之形狀，筆舌難以言明。

因中流砥柱之人字礐破了，河水氾濫全庄，一由福基境內，二由福基境外，三由張連興屋後，四由伯公崗，五由庄邊大破而狂奔。當人字礐未破時，西片大河，一面汪洋，透至泥崎腳下，汪洋無際，北柵簷斷下起，如同大海。

庄民無處逃生，不敢希求田佃家屋之保全，只求保存生命，想當時之慘劇，夢裡猶驚，被流者一人，家屋倒毀及流失者二十餘戶，水田流失一百餘甲。庄民唯有坐地觀天之痛苦，如嚼火微螢，僅留一滴殘喘[1]。

沖毀人字礐　水打七十份

陳漢初三弟陳北開（一九一六年—二〇〇五年）生前受訪說，日人據台後，地方仕紳劉穆廷等人力主在河頭（福基）、石圍墻建堤防，雖遭到中心埔、七十份、芎蕉灣等地人士的反對，但他跟日本人交好，地方實力雄厚，乃如願建了堤防，結果辛亥年這場山洪，「上夜水打人字礐，下夜水打七十份」，從此後龍溪改道，芎蕉灣、中心埔、七十份不少良田被山洪沖走；而原來東流的後龍溪河床，後來則開墾了不少良田。

當時住在七十份的人知道山洪暴發都先逃離避難，但有位賴姓人家是唐山剛搬來的「新客」，自認信佛虔誠，不願撤離，結果一家九口遭山洪沖走，是那年最慘的悲劇。

1　陳漢初《石圍墻越蹟通鑑》，一九四六年，頁166–167。

相傳當夜有戶涂姓人家因家人過世，正在做「齋」（法事），上半夜沒事，下半夜山洪暴發，來不及躲避，大家都爬到樹上避山洪，連「拉尿」都在樹上，致地方傳出「天空下熱雨，怎不鬧水災」的話語[2]。

隘寮與五庄的防洪爭議

其實，石圍墻庄原係河川浮覆地，從清嘉慶二十二年（一八一七年）吳琳芳募股開庄以來，為了後龍溪水患，是否在河頭（福基）建堤防，「苧中七石隆興」五庄人士與蛤仔市隘寮[3]人士，一直意見相左，隘寮人士希望建堤防，讓全條後龍溪河水往西流，五庄人士則反對，並常干戈相向。

直至日政府時，把將東流一概斷絕，全河流盡歸于西片流走，本庄雖滅東北之患，而西南一帶肥沃饒田全部變為流域石岡矣[4]。

陳漢初在《石圍墻越蹟通鑑》記載道：

本庄原係河川浮覆地，本庄開闢時，大河由福基與本庄境界而流出，僅一小部分由西方流出而已。所以本庄夾在兩河流域中間，每年夏秋期，洪水氾濫之時，東西南三邊受害，庄民為防

2　何來美等著《鄉賢談歷史》，一九九六年，苗栗縣立文化中心，頁11–15。
3　公館舊名「隘寮下」，指當時漢人拓墾，為防原住民，在此設「隘寮」，雇隘勇防守。
4　同註1。

洪水，建築人字石礐，以作中流砥柱，劈水兩開，使水禍不直沖臨。

隘寮人希望改道西流

早時河流由東流出時，蛤仔市隘寮等地區，年年被害甚大，所以蛤仔市（公館一帶）人每每欲持橫築造石礐，攔河斷絕，使全條河水向西流走。因此石圍墻、老雞隆、七十份、中心埔、芎蕉灣人等非常著急，不但田佃家屋之危險，數千人命懸於倒吊之危。

此蛤仔市人之無道橫霸，不得已，呼應同道危險之居民，聯合抵抗，兩方執意強硬，致生五庄聯盟誓約共同生死。一為保障水害問題，二為保全溉灌水權，每有武力相加，銃炮相擊，官府親臨訊斷，允準蛤仔市建立石堤八丈五尺，對方利用其判決期間，竟造出八十五丈。當時政府模模糊糊以過，從此河水大半趕過西流，至

▲已故鄉賢陳北開所指的石圍墻是早期所砌。

今本庄東西南北西面皆受水害[5]。」

清末石圍墻水患不斷

後龍溪水患除了辛亥年（一九一一年）造成後龍溪改道，「清咸豐三年（一八五三年）水亦由隘頭直貫入庄，浸水數尺，倒毀家屋不少，自此大河由南柵外通流一年餘之久。光緒戊戌年（一八九八年）水亦由庄西灌入受害不少。及至庚申年（一九二〇年），因西岸石堤不法之設，反為斷水入庄，倒毀家屋不少，水性狂瀾，被害甚大。」[6]

5 同註1。

6 同註1。

▲後龍溪石圍墻段河床民國七〇年代仍有人在牧牛。

石圍墻大地震

日治昭和十年（一九三五年）四月二十一日清晨六時二分十六秒，台灣中部發生了芮氏七・一的大地震，震央就在三義鄉鯉魚潭關刀山一帶，又稱「關刀山大地震」。因石圍墻庄鄰近關刀山，剛好在地震斷層帶上，災情尤其慘重，全庄有百餘人死亡，一百五十二人受重傷，一百四十一戶房屋除一棟半毀外，其他都全毀，慘狀可用「生無完膚，死無棺廓」來形容，謝春梅的三弟謝發達也不幸喪生，年僅兩個月大。

據維基百科記載，中部大地震災區在新竹州與台中州，共造成三千二百七十六人死亡，一萬二千零五十三人傷，房屋全倒一萬七千九百零七戶，半倒三萬六千七百八十一戶。災害發生後，台灣總督府、各地衛生機關，赤十字社本部與台灣支部成立救護班，壯丁團、保甲、青年團也全力投入救災。

人畜壓如生葬

陳漢初在「大震災石圍墻遭難記」也記載，「當天恰值農曆三月十九日星期日，家家慶祝太陽星君壽誕兼逢各處迎媽祖，鬧熱異常：

……時交上午六點二分，正在猜疑之間，忽然塵煙由西南蜂擁而至，繼聞轟然之聲，天搖地轉，行者立伏，立者隨倒，轉瞬間山崩地裂，崩山之聲天天相應，倒地之響地地相銜，塵埃彌漫，咫尺不見，地皮龜裂，陷落隆起，池水減去其半，平地變成高低，人不及避，鳥不待飛，家屋倒如廢墟，人畜壓如生葬。

當時全村人早已出外而無罹災者，不過二、三十人，其餘皆盡壓於土磚之內。初回激震有數分之久，絕無人聲，人人自覺如幻若夢，呆呆不解，及聞啼哭之聲，呼救之急，始覺醒然實際罹災之事[1]。

摔飛到客廳外竹叢

「那天是禮拜天，我與堂弟謝冬嶽起得早，備好鐮刀、扁擔，準備上山割草給牛吃。突然間『轟！』地一聲巨響，頓時天旋地轉，昏天暗地，地踩得非常厲害，有如要裂開般，我與堂姐招妹剛好在客廳，兩人被拋摔落到客廳外一、二十公尺的竹叢下，兩人一陣暈眩，嚇出一身冷汗，定神一看，整個家幾被夷為平地，而地震揚起的灰塵，灰濛濛一片，往外望整個村庄有如座死城。」

謝春梅被突來的強震，一時也嚇呆了，變得六神無主，發現剛進房間拿東西的冬嶽，人剛好在牆角沒被壓到，自行爬了出來。二弟春蘭跟母親一起睡，母親的房間也倒了，心想二弟可能也凶多吉少；因母親平日起得早，他還以為她已經出外打零工了。

1　陳漢初《石圍墻越蹟通鑑》，一九四六年，頁 176–177。

大家慌亂成一片時，謝春梅發現母親謝吳新妹從茅坑（廁所）爬了出來，額頭、眼角都是血，原來地震時她正在如廁。那天伯父不知去那裡？已無印象，父親則在台中后里大安溪墩下幫人開田，住在工寮，沒有在家，家裡只剩婦孺。

三弟撞到牆角喪生

「因母親平日出外打工，家務由伯母謝邱福妹打理，母親如廁時，伯母正揹著兩個多月大的三弟謝發達在灶下（廚房）洗碗，母親從茅坑爬出來後，急著找三弟，發現伯母與三弟被震倒在牆角下，三弟的額頭剛好撞到牆角，當場死亡，伯母幸有磚墩保護，僅手腳受傷，還能自行爬起來。」

謝春梅回憶說，因整個石圍墻庄幾被夷為平地，餘震又不斷，且幾乎每個家族都有死傷，哭嚎聲傳遍整個村莊。伯母、母親強忍悲痛，急著找二弟春蘭，卻一直沒有二弟的蹤影，大家都急死了。

有位住在大湖大南勢的堂叔，知道石圍墻災情嚴重，馬上趕來救援，約十點就趕到他家，父親則到十一點半才從后里趕回，並設法找二弟，究竟被震飛到哪裡？還是壓在廢墟中？

二弟在廢墟中奇蹟生還

「震垮的茅屋厚達一公尺半，加上泥磚也被震倒，大家小心翼翼地清理，近十二點清到爸媽房間時，奇蹟出現了，二弟竟然還在睡覺，且還在說夢話，只有頭皮輕微受傷。」

謝春梅發現二弟能躲過浩劫，是因他睡在架子床上，頭正好在床角，有支撐點沒被壓倒，至於整個身體則被埋在震倒的茅草內，而他竟能睡到中午未醒，且沒受重傷，大家都覺得是奇蹟，也不知是否震昏後又再睡著？那年二弟才六歲。

地震發生後，一天餘震多達廿餘次，後才漸漸平息。家裡養的牛沒有受傷，至於豬與雞鴨禽畜的死活，因災民忙著救災，已無心去關心。

當天剛好要迎媽祖

「地震發生前晚，我到隔壁村練『子弟班』，準備隔天一早率陣頭到公館接媽祖，迎『鬧熱』，練到很晚才到父親陳捷順的保正事務所睡覺。一早母親跑來叫我起床，突然間『咚！咚！』幾聲巨響，還以為是迎媽祖放沖天炮，待定神一看，整個房間已天旋地轉，踩得非常厲害，瓦礫、泥磚如雨般傾倒而下，情急之下，裹著棉被滾到床下，但窗戶石板仍擊破床板，幸被旁邊的『子弟籠』擋住人沒被擊中。」

陳漢初的三弟陳北開回憶地震慘狀說，他幸運躲過劫難，舉目望去，整個石圍墻庄灰濛濛一片，幾無房子沒倒，望去有如座死城，心想定死傷慘重，他強忍著淚水，飛奔回家，發現家裡的房子也倒了，二媽抱著六弟日榮在哭。

陳捷順家族三人喪生

目睹此景，他馬上喊父親與兄弟姐妹的名字，結果父親、五弟日陞、妹妹秋梅、姪女美竹都有回應，還能呼吸，但除了日陞，都已受傷。

好不容易將他們一一從瓦礫中「挖」出來，但秋梅、美竹卻已傷重不治，那時她們才十三歲、十歲，全家人哀傷地哭成一團。隔沒多久，他留學日本東京帝國大學暫休學在銅鑼庄興隆國小代課的三哥漢秋，也傳出被壓傷，後經救治無效，英年早逝。石圍墻震災如此嚴重，是因多數人都還在夢鄉，傷亡者大都被埋在斷垣瓦礫中[2]。

陳漢初在〈大震災石圍墻遭難記〉也提到妹妹陳秋梅：「才十三歲，身受重傷尚能忍痛而令人先救其兄，乃至救出始知其傷重嚴重不能救矣[3]！」

「隔天經警察簡單驗屍後，父母哀傷地將三弟埋了，因整個中部地區災情嚴重，尤其是公館、三義、銅鑼、后里、清水一帶最嚴重，大家都自顧不暇，苗栗地區的醫師周朝棟、江嶸基、劉肇芳、彭天桂、邱雲賜、邱雲鵠等人都忙翻了，台灣總督府也從島內其他地區支援救護人員，公館國小也成立救護站。」

死無棺槨　草草下葬

謝春梅目睹公館、福基派出所派出劉姓、彭姓警員前來驗屍，因棺木不夠，很多屍體也只好用草蓆或稻草包裹，草草下葬，也沒有做法事，有如陳漢初所寫，真是「死無棺槨」之斂。

陳漢初在〈大震災石圍墻遭難記〉記載：「至翌日下午，死者屍體全尋齊，當下計算死者八十六人，重傷者數百人，其餘無一完膚者，家畜死傷不計其數。村中受害最慘的是吳阿順家，死者十二人[4]。」當天死者有八十六人，加上後來傷重不治者，死者多達百人以上。

2　何來美著《笑問客從何處來》，一九九五年苗栗縣立文化中心，頁 169。
3　同註 1，頁 177–178。
4　同註 1，頁 177。

「地震發生後，伯父的房間及牛欄未完全塌陷，各還留有幾尺寬空間，伯父、父親砍來麻竹、相思木，分將房間、牛欄加固，並清掃牛糞後，勉強棲身；多數家庭都暫時克難解決棲身之所，並紛紛上山砍麻竹，建虎尾寮暫時棲身，後來再續建茅草房，直到台灣光復後，才建新房。」

謝春梅說，公館鄉的房子在中部大地震時多數都被震垮或震壞，只有河排羅屋、公館五穀宮沒有被震壞。他還記得五穀宮打醮時，他還未入學，曾帶著弟弟春蘭到戲棚下看熱鬧，弟弟後來走失了，還是警察幫忙找到的。

災後建「虎尾寮」棲身

長謝春梅六歲的陳北開，對地震後的災後重建，有相同的記憶。陳北開說，多數受災戶都先搭「虎尾寮」棲身，建材是麻竹與稻草，他住在出磺坑的一位啞巴表姐就砍了不少大麻竹協助他重建家園。

◀▼一九三五年石圍墻大地震，庄內立了震災殉難碑（左圖），內刻有殉難者名字，謝春梅的三弟謝發達亦刻在碑上（下圖）。

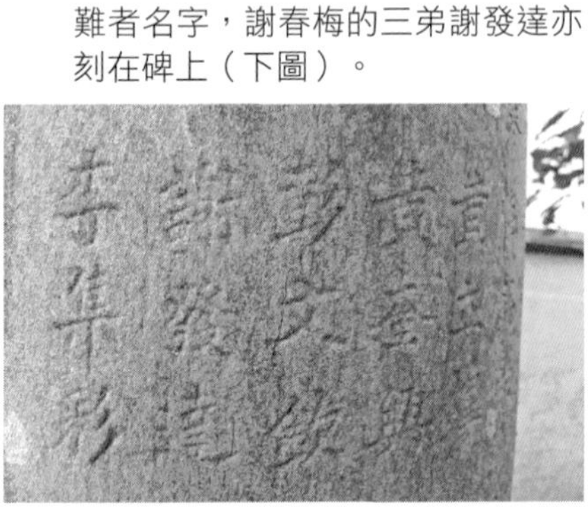

「虎尾寮」造型呈三角型，只能暫時棲身，後來才慢慢有人建新房，但是剛開始大家怕地震，建材也大都利用木板與鉛皮，相當簡陋，直到他大哥陳漢初提議重建石圍墻庄，留防火巷，避難廣場，石圍墻庄才重建[5]。

除了石圍墻庄外，銅鑼新雞隆、老雞隆，三義鄉魚藤坪、龍騰一帶因位於地震斷層帶上，災情也都特別嚴重，三義龍騰斷橋就是震災主要遺蹟，現已變成觀光景點。地方人士在石圍墻大地震不久，立了一座紀念碑，陳漢初於昭和十年（一九三五年）五月十八日亦建寫了〈石圍墻大震災殉難碑文〉。

5 同註2，頁170。

「國歌」少年詹德坤

昭和十年（一九三五）中部大地震，住在公館石圍墻庄的少年詹德坤被壓成重傷，去世前唱日本國歌〈君が代〉（君王世代），被日本殖民政府編入國小課本，拍成電影，並在他就讀的公館公學校門口豎立銅像，作為宣傳樣板，直到台灣光復後始被拆除。

謝春梅在地震前一天，還與詹德坤在「揆一樓」廟前廣場打棒球，沒想到地震罹難。他是否有唱〈君が代〉，因而成為「愛國」樣版？還是公館公學校校長橋邊一好為表功，製造宣傳話題，是歷史上的謎。

疑破傷風敗血死亡

「中部大地震當天剛好是『媽祖生』，詹德坤是我石圍墻鄰居，我念六年級，他念三年級，他的堂哥詹德勳是我同學，父親在出磺坑燒木炭，地震前一天還跟他一起打棒球。詹德坤被三振，還要求再打，大家仍給他打擊機會。詹德坤被壓傷，聽說是到『揆一樓』看地方陣頭準備迎媽祖，正好碰到強震。」

謝春梅九歲才入學，詹德坤同樣也晚讀，罹難時虛歲十二歲，才念小三。詹德坤地震當天被壓傷，但隔了幾天才送醫，日本天皇特使入江侍從到石圍墻慰問災民時，看到詹德坤坐在竹椅上，被綁著抬往醫院，頭部傷口好像有用牛屎塗抹。因此他懷疑詹德坤是因破傷風、細菌感染，敗血症死亡。

陳漢初在〈大震災石圍墻遭難記〉也提到：「詹德坤亦受重傷，其父在旁看護，德坤掩自己之苦，請其父歸去內山家中，探望他母有受傷否？聞者無不感動，此為大難中之美談也。」[1]

▲詹德坤事蹟被日本殖民政府編入教科書，圖為他的銅像（上圖）與他拜天照大神的畫像（下圖）。

1　陳漢初《石圍墻越蹟通鑑》，一九四六年，頁178。

醫療資源不足　多人傷重不治

「中部大地震震央在三義關刀山，三義魚藤坪、龍騰、銅鑼新雞隆、老雞隆及公館石圍墻因位於斷層帶，災情特別嚴重。」

謝春梅說，地震發生後，公館公學校停課，成立救護站，台灣總督府也從島內其他地區支援救護人員，但因醫療資源仍舊不足，不少重傷者後還是不治，如詹德坤及陳漢初的三弟陳漢秋都是。

劉肇芳（一九〇七年—二〇〇三年）生前回憶說，地震發生時，他在銅鑼庄老街開業僅兩、三年，診所還是租的，磚造部分全被震垮，他住在木造房子逃過一劫，但是「藥童」（助手）卻被埋在瓦礫中。他在瓦礫中找到醫療器材，幫藥童急救後，馬上趕往銅鑼庄興隆國小急救站，發現新雞隆、老雞隆與石圍墻一帶滿目蒼夷，死傷纍纍，為了救人，忙到晚上，看到急救站的飯菜，才知自己已一天未進食。

劉肇芳與太太劉李彩鳳新婚不久，劉李彩鳳也全力幫忙。災後日本主要報紙都派員來台採訪，在日本本土也發起救災運動，而他所保留的一本雜誌中，不但有當時慘重災情的詳細報導，就連他搶救傷患的畫面也被攝入鏡頭，當時西醫不多，為了救人可說是不眠不休。有了大地震教訓，後來他蓋的房子也是木造，就是為了防震[2]。

劉肇芳是已故作家朱西寧的岳父，朱西寧娶劉肇芳的長女劉惠美（劉慕莎）為妻，劉慕莎是日文翻譯作家，他的外孫女朱天文、朱天心、朱天依也都是作家。

2　何來美著《笑問客從何處來》，一九九五，苗栗縣立文化中心，頁159–161。

有無唱〈君が代〉？

「詹德坤去世前有無唱日本國歌〈君が代〉」至今仍是個謎。謝春梅說，詹德坤的班導師大岩根教農業，他念三年級時也被教過，為人很耿直；公館公學校校長橋邊一好則一向重視「皇民化運動」，因此詹德坤在臨死前有無唱日本國歌〈君が代〉？是確有此事，還是編造，他並不清楚，但橋邊一好卻將此事報到台灣總督府，後來還調升為苗栗農學校校長。

「詹德坤童年很頑皮，長得很像弟弟詹德君。詹德坤的故事後來被日本人當做殖民宣傳素材，除於地震後第二年，為詹德坤恭塑了座銅像，豎立在公館公學校前，昭和十七年（一九四二年）配合『皇民化運動』，更被編入國小課本，拍成電影，並傳揚到後來日人佔據的東南亞一帶。」

以謝肇楨外型塑銅像

地震一年後，謝春梅發現日本人請台南雕刻家淺岡重治為詹德坤鑄造銅像，並於次年（一九三六年）四月二十三日在公館公學校盛大舉行「詹德坤少年頌德紀念像」揭幕式，銅像與詹德坤本人同大小，化身為「君が代少年」像。那時學校師生上下

▲謝肇楨（右圖）受訪說，詹德坤的銅像用他的照片恭塑，拍電影時亦由他飾演詹德坤，左圖是他國小畢業時的照片。

學經過銅像，都要脫帽恭敬鞠躬。

因詹德坤生前沒有照片，聽說好像是找長相很像他的同學賴松源當模特兒，依賴松源外型恭塑了銅像，賴松源後來擔任苗栗縣政府土木課長與建設局長。

日本人拍攝宣傳影片時，謝春梅還跑到現場觀看，部分場景在保正陳捷順家拍攝，飾演詹德坤與詹母者都是日本影星，內有詹母綁草結，詹德坤拜天照大神的的鏡頭。

與詹德坤同班的謝肇楨（一九二六年生）則說，父親謝阿盛是公館公學校老師，詹德坤長得比他稍高些，因沒有照片，找的模特兒是他，不是賴松源，賴松源長得比較高大，也是班長。另外，日本拍電影時，飾演詹德坤的也是他，不是日本童星，這兩點與謝春梅的記憶略有出入。

畢業照與銅像合影

謝肇楨說，詹德坤罹難時念三年級，事蹟經校長橋邊一好報到台灣總督府，引起總督府重視，也派記者到學校採訪，訪問了他。後來拍電影，同學

▲詹德坤的同班同學，公學校畢業時與他的銅像合影留念。

們都成為臨時演員，由他飾演詹德坤，導演要求他在苦楝樹下撿苦楝樹仔，拿來洗衣服，並要他唱日本國歌。

詹德坤的銅像後塑立在校門口，有五棵茄冬樹，學生上下課都要向銅像行禮致敬，畢業時全班同學也圍在詹德坤銅像旁合影，好像詹德坤還活著似的。

謝肇禎公學校畢業後再念高等科，後考取開南商工，畢業後在三井農林公司服務，娶護理師林藝為妻，後在苗栗市開設盛安藥房，至今已四十餘年，是苗栗老字號西藥房，現已交給兒子謝世民經營。

謝肇禎說，謝春梅是其父謝阿盛的學生，父親後離開教育界，跟雷粉共同經營窯廠，日據時期當選公館庄協議會員，雷粉是助產士，他也是雷粉接生的，並認她為乾媽。台灣光復後，父親再當選公館鄉長、苗栗農田水利會會長。

銅像遭拆除　建五福公園

昭和二十年（一九四五年）十月二十五日台灣光復，結束日本殖民統治，次年銅像被國民政府拆除交給詹德坤的家屬。據詹德坤的弟弟詹德君、詹德枝表示，光復前大哥忌日，日本和尚會前往位於公館大坑墓前誦經，銅像被拆後，先搬回大坑家中，後來賣給舊貨商。銅像是由含有雜質的熟銅鑄造，約有八十多斤重，以八百元賣給舊貨商阿爐伯，並以這筆錢買了台抽水馬達。

恭豎詹德坤銅像的地點現已改為五福公園，民國一百年（二〇一一年）十月五日（農曆九月九日）重陽節，苗栗社區大學公館「耕讀學堂」邀請詹德坤的弟弟詹德君、兒時玩伴謝春梅、徐慶松、陳秋香夫婦、退休校長江增祥等廿餘位地方耆老，追憶往事，《隘寮下》第二期並作了專題報導。

課本內容據徐慶松、陳秋香老師翻譯，後段內容為：

…少年翌日中午由父母、老師們護送到遠處的醫院去了。當天晚上德坤疲倦、神智昏迷，直到破曉時分才睜開眼睛對父親說：「爸爸！老師不在嗎？很想再見老師一次呀！」或許他自己感覺到從此會到很遠的地方去了。

唱完〈君が代〉含淚去世？

「過了不久，少年又說：『爸爸我要唱〈君王世代〉，』少年稍微闔上眼睛，好像想著什麼事，然後深深吸了一口氣，靜靜地唱了起來…『君王世代』、『千年萬代』…唱完『君王世代』的德坤，帶著父母親及人們的淚水，安然地離開這個世界。」

教科書內容也提到地震當天，「德坤少年，這天早上也和以往一樣，醒來後，洗好臉，恭恭敬敬地向神壇禮拜，神壇上奉祀著天照大神的神牌。吃早餐的時間快到了，少年去請在外頭的父親回家用餐…。」[3]

3 《隘寮下》第二期，苗栗社區大學，二〇一二年十一月。

▲謝肇楨與詹德坤念國小時的導師大岩根。

詹德坤是去請父親回家吃早餐時被傾倒的泥磚壓傷頭、腳，但當時詹家的祖先牌位有無奉祀天照大神則令人懷疑。

日本殖民台灣末期，選了兩篇思想教育題材編入教科書，除了「國歌少年詹德坤」外，另一是一九三八年宜蘭南澳泰雅族少女沙韻，聽到日籍老師將入伍，自願幫老師搬行李，不幸失足溪谷溺斃，台灣總督長谷川清褒揚義行贈銅鐘給沙韻家人，後由李香蘭主演拍成電影「沙韻之鐘」。

公學校的生活

日治中葉，公館庄內交通仍不是很方便，而且學區很大，進入公學校就讀的年齡都偏高，男女入學比例約二比一。謝春梅九歲才入學，畢業已十五歲，全班年紀最大的管鼎煌畢業時已二十歲。謝春梅以第四名畢業，班上有兩位女同學考上台北第三高女（現中山女中）。

「早期石圍墻子弟念公學校，學區在雞隆公學校（現興隆國小），辛亥年（一九一一年）後龍溪改道後，改到公館公學校，我九歲才入學，同年劉開英十歲才人學，晚我一屆。從石圍墻走路到學校約要一小時，我常手滑鉛線輪，邊滑邊跑到學校。」

偏遠孩子入學年齡偏高

昭和五年（一九三〇年）謝春梅進入公館公學校就讀，公館庄內只有公館、鶴岡公學校及鶴岡公學校南河分校，公館上八庄學區在公館，下三庄在鶴岡，南北河山區念南河分校。

公館公學校學區大，連出礦坑、河排，甚至更偏遠山上的孩子都念公館，必須涉水過後龍溪或坐流籠才能到校，為上下學安全，入學年齡偏高，年紀最大的管鼎煌十四歲才入學，田春和、張佳田也十二歲才人學。

「管鼎煌住在出磺坑山上，念了六年漢書後才念公館公學校；他的弟弟管登財跟我同年，在雞隆公學校念了幾年才轉到公館公學校，比我晚畢業。管鼎煌畢業時已二十歲，長得非常高大，比班導師日本人立花高出一個頭，他畢業第二年就結婚生子，二次世界大戰被徵兵到南洋，沒有回來。」

特殊關係才能念小學校

出磺坑盛產油氣，日本時代有石油會社，日本工程技師多，為方便他們子女就讀，設有小學校，但日治時期教育差別待遇，台灣人除非有特別關係，否則只能捨近求遠念公館公學校。從出磺坑走路到學校念書，對小孩子來說至少要兩個多小時。

謝春梅說，林培麟、林蘭土兄弟都是產婆雷粉抱來養大的養子，也是他的小學同學，而雷粉三個兒子都是抱來的，因她是產婆，與夫婿林添喜又經營公館窯業有成，社經地位高，林培麟小二時就轉學到日本小孩才能念的苗栗小學校。

男女學生比約二比一

「除了幾位年紀大的特例外，一般入學年齡是七歲到十歲，其中以八、九歲入學的最多，印象中七歲入學的有劉煥伊、鍾煥垣、陳和坤，我是九歲入學，王松申是十歲入學，後來從事教職，當過鶴岡、福基國小校長。」

謝春梅就讀時，畢業班才三班，男女比約二比一。他觀察客家人雖重教育，但早期也重男輕女，認為女孩子念那麼多書幹什麼？致大他四歲的堂姐謝招妹沒有念書；他的元配陳成妹跟他同年，大他一個月，是石圍墻庄陳阿華之女，也沒有念書，台灣光復後才「打夜學」念書識字。

老師台人、日人各半

「修業六年當中，教我的老師台灣人與日本人各半，一、二、四年級導師劉賡鳳、謝阿盛、胡鴻有是台灣人，三年級老師大岩根、五、六年級導師立花及校長橋邊一好是日本人，且是日本九州同鄉。」

公館公學校念了六年，除了一九三五年中部大地震期間，因鄉內災情嚴重，學校臨時作為醫療收容救護站，曾停課約一個月外，上課都很正常。一年級老師劉庚鳳是客語、日語一起教，二年起開始有漢語課，但堂數少，國語主要是日文。日本教育五育並重，連美術、音樂、體育都很重視。

日治時代老師要正統師範畢業才有文官帽戴，三年級老師大岩根是農業專修學校畢業，沒有官帽，也兼教農業，從插秧、挲草、施肥、病蟲害都教，還要實做。謝春梅從小就幫忙農事，也贏得大岩根的誇獎；大岩根也教過詹德坤，詹德坤的哥哥詹德動是他的同學。

國小第四名畢業

「國小畢業時我代表領勤勞獎一等賞，三班共有同學一百四十餘人，田春和以第一名畢業、第二名江龍順、第三名邱少添、第四名是我、第五名是王松申、第六名是劉定國的妹妹劉順松。後來我到念嘉義商工時，要公館公學校出學業成績證明，才發現我是第四名。」

謝春梅國小畢業後，沒有升學，陳見妹介紹他到屏東學做齒模。他那屆同學中沒有人考上新竹中學，上一屆有曾九連考上；女同學中則有兩位考取台北第三高女（現中山女高），一是頭份名醫劉汝孔的堂妹劉梅英，另一是賴傳和老師的妹妹賴廉英。

台北第三高女是當年人人嚮往的女子中學，李登輝總統的太太曾文惠也是台北第三高女畢業，劉梅英、賴廉英分嫁台北、苗栗，都有很好歸宿，前幾年他還有邀請兩位參加同學會。

後擔任公館國小老師的蔡桂英，也是他的同學，她曾赴日本念中學，並有段刻骨銘心的愛情，後選擇不嫁，一生作育英才，桃李滿天下，退休後還擔任長青學苑老師。前苗栗縣長何智輝的母親何劉緞妹亦是同屆畢業生。

兩位恩師參政

「我國小恩師劉賡鳳、謝阿盛，都畢業於總督府國語學校，是地方菁英，台灣光復初期劉賡鳳當選副鄉長，謝阿盛當選第二、三屆公館鄉長及苗栗農田水利會第三屆會長。四年級老師胡鴻有，活到一百零二歲高齡，他百歲時，我與幾位國小同窗還去探望他。」

謝春梅緬懷以前恩師，認為以前的老師學養都很好，也勇於參政，劉賡鳳的太太邱戊妹是產婆，活到九十六歲高齡，她接生過的小孩多到難

▲謝春梅（前排右七）參加國小同學會，與同學們合影，前排右五老師胡鴻有，謝春梅後方是蔡桂英。

▲謝春梅（第二排學童右一）公學校畢業，與師生合影，前排中是校長橋邊一好。

以算計；謝阿盛日治時期跟雷粉也曾合資創辦「公館窯業組合」，生產高品質的涵管，連北投溫泉的涵管都採用他生產的產品，亦是位企業家。

探望人瑞老師

公館公學校是於明治三十四年（一九〇一年）設立，謝春梅於昭和十一年（一九三六年）畢業，是第三十二屆畢業生，畢業後曾多次召開同學會，謝春梅亦曾主辦。民國九十九年（二〇一〇年）九月，謝春梅跟幾位還健在的同學，到楊梅富岡看百歲恩師胡鴻有，並帶著厚重的公館國小百年校慶校刊，翻出畢業團體照給老師看，胡老師雖難以記起他們是誰？但知道是自己教過的老學生，而從老師臉上愉悅的表情，也可感受到這是場難得師生會，倍感溫馨。

謝春梅也不忘幫老師把脈，覺得老師年紀雖大，但脈象很好，結果胡鴻有活到一百零二歲高齡。

謝春梅常跟老同學聯繫，大他一歲的江龍順，以及小他一歲的劉煥伊都還健在，有時也會去探望。

▲謝春梅攝於石圍墻揆一樓廟旁。

▲謝阿盛是謝春梅國小一年級的導師。

難忘陳見妹的恩情

謝春梅是日治時期醫師「學徒制」的受益者，他最感謝的是長他八歲的「見妹姑」（陳見妹），公學校畢業那年，陳見妹寄來五元車資，介紹他到屏東學做齒模，帶領他走上學醫之路。

陳見妹的幼年由謝春梅的祖母謝乙妹帶大，陳見妹稱謝乙妹奶媽，故謝春梅對她也以姑姑相稱，兩人的「姑甥情」，維繫了八十年，直到陳見妹八十八歲高齡病逝於日本。

寄五元車資南下學醫

「我很幸運走上學醫之路，得感謝兩位貴人，一是見妹姑（陳見妹），另位是日治時期擔任過公館庄長的徐定標。見妹姑介紹我到屏東學做齒模，徐庄長則介紹我到周朝棟醫師那兒當藥童。」

昭和十一年（一九三六年）謝春梅從公館公學校畢業，在屏東市飯塚醫院擔任護士的陳見妹，得知他與堂弟冬嶽沒有升學，在家鄉又沒什麼工作好做，鼓勵兄弟倆到屏東市張純敏牙科醫師處學做齒模，習得一技之長，並隨信寄來五元，給兄弟購買苗栗前往屏東的火車票。

日治時期石圍墻庄，徐炳祥、陳捷順是庄內兩大望族，徐炳祥、徐定標父子當過區（庄）長，陳捷順則是石圍墻的保正。巧的是，陳捷順的長孫女陳見妹（一九一四年—二〇〇一年）與徐定標的獨生女徐海妹，幼年都託謝春梅的祖母謝乙妹當奶媽，故陳見妹只大他八歲，他也以「見妹姑」相稱；而徐海妹小他兩歲，他亦稱她「海妹姑」。

祖母是最盡職的保姆

「謝屋恁苦，屋家淨利、衛生嗎？人家係有錢ㄟ妹子（女兒），照顧來好麼？」陳捷順是地方得高望重的保正，長子陳漢初曾考取總督府醫學校，是地方菁英；謝春梅的父親謝長煌做過徐炳祥的「長年」（長工），後再耕佃徐定標的田，是徐家的佃農；而陳漢初、徐定標卻先後將「掌上明珠」交給謝乙妹照顧，外界難免閒言閒語，有人吃味，有人質疑。

但在謝春梅心目中，祖母雖是佃農農戶，目不識丁；卻是「盡擔硬，盡淨利，盡有涵養，盡賢慧ㄟ阿婆」，才能獲得兩個地方望族的信任，而「見妹姑」、「海妹姑」也一直很敬愛祖母。

▲陳見妹介紹謝春梅到屏東學醫，並寄來五元車資。

▲徐定標介紹謝春梅跟周朝棟學醫。

「祖母非常疼我，在大地震前兩年去世，她晚年為胃疾所苦，卻沒錢看病，可說貧病交加，因此我有機會學醫，當然求之不得；而祖母雖已過世，但『見妹姑』，仍珍惜奶媽情，並做到『敬母連孫』。」

陳見妹「敬母連孫」

謝春梅與謝冬嶽首次離開家鄉到屏東，而張純敏牙科診所就在陳見妹服務的飯塚醫院對面；陳見妹的妹妹陳泉妹，只大謝春梅三歲，也在高雄公立醫院當護士，兩姐妹都非常照顧他與冬嶽。當時姐妹倆的父親陳漢初也到高雄、屏東創業，並在萬巒四溝水購買了兩甲餘水田，重回耕讀生涯。

「我與冬嶽約做了半年多，因思鄉，對做齒模沒有興趣，且我想再念書，乃返回家鄉。我離開屏東時，見妹姑正好到台中產婆講習所受訓，我未能向她告別，但非常感謝她對我兄弟的照顧。」

謝春梅、謝冬嶽兄弟離開屏東時，陳見妹還託飯塚醫院一位日籍護理長送兄弟倆到車站，相當親切。兄弟倆回公館後，徐定標再介紹謝春梅到公館周朝棟醫師開設的長安醫院當藥童；謝冬嶽則介紹到竹東，跟周朝棟的弟弟周朝鑼學醫。

到日本看陳見妹三次

「陳見妹、陳清妹日治時代都嫁給日本人，陳見妹在台中結婚時，我與她的姑丈徐瑞軒（娶陳見妹的姑姑陳香菊為妻）一同參加，先生叫小川；陳泉妹嫁給日本警察，二次世界大戰日本戰敗，台灣光復後，兩姐姐都跟日本夫婿回到日本。陳見妹住在千葉縣附近的木更津，陳泉妹住在東京成田機場附近。」

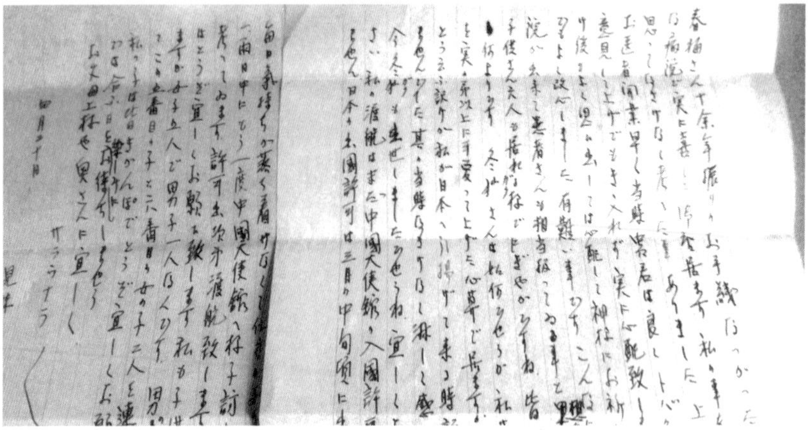

▲陳見妹在二次世界大戰結束後，旅居日本，與謝春梅一直保持書信往來。

公館打鹿坑（福德村）出身的旅日名醫彭榮達，他的哥哥彭榮茂（一九二三年—二〇一六年）是謝春梅的小學同學，而彭家又是謝春梅岳父劉東儒的岳家，彭榮達台大森林系畢業後，留學日本獲東京醫科大學藥學博士，後在千葉縣行醫，他曾三次到千葉縣拜會彭榮達，這三次他也聯繫上陳見妹，並到她家中作客，受到親切接待。

彭榮茂的兒子彭秀光也是留日醫學博士，在大阪大學擔任教授，彭秀光兩個兒子亦是醫科畢業，在彭榮達那兒服務。

陳見妹的父親陳漢初是漢學家，也是醫師，他念過總督府台北醫學校，後因病休學，但自學成漢醫，晚年搬到打鹿坑住，開藥房行醫，陳見妹、陳泉妹也曾住在這兒，旅居日本後，仍關心家鄉狀況。

有年春節，謝春梅到大湖跟人賭「跌三烏」[1]，遭庄民詐賭輸了不少錢，消息傳回公館福基、打鹿坑一帶，遭譏被人「剾大狗」（意指遭人詐賭大輸）。此事竟傳到日本陳見妹耳裡，寫信「訓斥」謝春梅，讓謝春梅感到汗顏。

1 「跌三烏」是早期客家庄春節期間常見的賭博娛樂，以清代三枚銅錢為賭具，一面是皇帝年號，一面磨成金光，以三枚銅錢在大石頭上擲下，賭客與觀賭者圍成一圈，三枚出現金光面，擲者通吃，反之出現年號面，擲者通賠。

▲謝春梅（左圖）與同年堂弟謝冬嶽（右圖）一起到屏東跟張純敏醫師學做齒模。右為謝冬嶽後來從軍的照片。

謝春梅回想這段往事，那時真是年少輕狂，輸掉的錢可以買萬斤稻穀，對見妹姑的斥責，他無地自容，也引以為戒。陳見妹的兒子留學法國，還娶法國女子。

旅日關心弟弟病情

陳見妹是陳漢初的長女，下有陳長庚、陳泉妹、陳中和、陳景山及幾位妹妹，謝春梅以見妹姑相稱，但她的二弟陳中和與他同年，三弟陳景山則與他二弟謝春蘭同年。

陳中和在出礦坑耕種山園，後來肝膽出了問題，到苗栗黃金章醫院開過刀，病情未改善，陳見妹關心弟弟病情，一直與謝春梅保持通信聯繫，還寄來日本報紙刊載的治療肝膽秘方，但還是沒醫好。

「陳見妹八十八歲過世，病重前我想到日本探視，她卻寫信告訴台灣的弟弟，『生老病死』是人生常態，人最後總要回『老家』，請弟弟轉告我不必悲傷，也不必到日本送行。」

陳見妹說得灑脫，但謝春梅對見妹姑的去世仍感不捨，他與陳見妹魚雁往返的通信，至今也如珍寶般珍藏著。

與「海妹姑」結親家

「徐海妹小我兩歲，因她叫我祖母奶媽，因此我也照樣稱他海妹姑，後來她嫁給我的小學同學王松申，王松申大我一歲，念公館公學校時，他十歲入學，我九歲入學。劉開英跟我同年，但他十歲才入學，故國小畢業時晚我一屆。」

謝春梅沒想到小時候叫的「海妹姑」，後來竟嫁給小學同窗王松申，而且後來王松申的弟弟王炳興也娶他的長女謝玉枝為妻，結為親家。謝玉枝畢業於淡江大學外文系，曾在公館國中教英文，後不幸因癌症去世，令謝春梅傷心不已。

二〇一七年底謝春梅到台北參加外孫婚禮，想到女兒謝玉枝無法分享兒子成婚的喜悅，難過地流下眼淚。

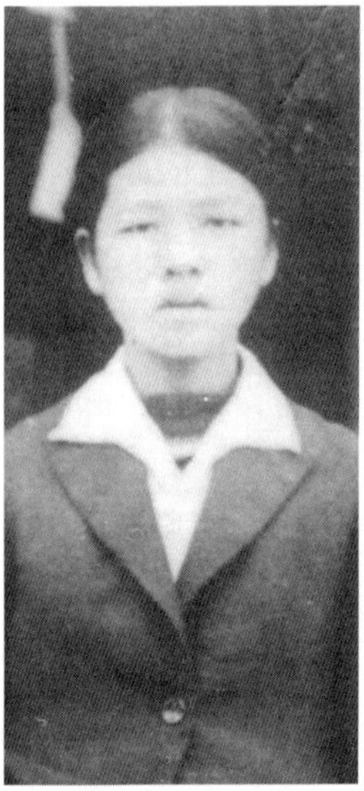

▲徐海妹（左圖）是徐定標的女兒，小時候由謝春梅的祖母帶大。右圖為王松申、徐海妹夫婦全家福，王松申是謝春梅公學校同班同學。

險當神風特攻隊

謝春梅跟周朝棟醫師學醫時，突興起報考少年飛行兵的念頭，他瞞著父母，偷刻父親印章報名，經筆試錄取熊谷飛行學校，但最後經苗栗郡役所兵役課及公館分駐所身家調查，因父母反對未通過，沒有入學。跟他先後期考上的少年飛行兵張彩鑑、劉志宏，在二次世界大戰時則先後戰死。

報考少年飛行兵

「昭和十三年（一九三八年）我在報紙上得知，日本殖民政府正在招募陸軍航空少年兵，條件是年滿十四至十八歲，學歷是公（小）學校畢業，我沒讓父母知道，到公館古金龍店裡偷刻了父親印章報名。」

謝春梅正在周朝棟的長安醫院當藥童，公館公學校校長橋邊一好有天突然到長安醫院找他，要他到校長宿舍，並問他：「你為何要報考少年飛行兵？」

「我嚮往飛行，想當皇軍。」他據實以告。

橋邊一好是石圍墻大地震後，褒揚罹難的詹德坤為「國歌少年」的校長。是個老菸槍，菸癮相當大，常喉嚨痛，給周朝棟看診。謝春梅常幫他擦藥，故兩人也熟識。

考場唯一的台灣人

不久，謝春梅收到准考證，考場分台北、台中、台南三地，他應試的考場在台中警備道場，上掛著「東京陸軍航空學校生徒採用試驗場」。他剛去時沒看到人，後來考生才陸續到，共有十五人，台灣人只有他一位，其他全是日本人。

「第一關是體檢，有三分之一未通過，剩下十人留下來應試，連考三天上午；十人考試，卻有十五人監考。考場主任是台灣第三部隊的東京陸軍大佐松尾謙三，考前五分鐘才剪開考卷，兩分鐘前發給考生，時間到才許作答，考國語（日文）、數學、理化、自然。」

謝春梅發現日文很多他沒有念過，後才知道這項考試是由全日本統一命題，統一考試，完全以日本本土的課程標準命題。有位考生考前與考後一直發抖，問他為何一直發抖？他說有題數學題目算出的答案有兩個，後又重算；而他自己也出現同樣問題。後來聽說這名考生考上了。

展開嚴格身家調查

「當時我除了勤學醫療知識，準備醫師檢定考，報考航空學校也在測驗自己的實力，成績三個月後公佈。四個月後，苗栗郡役所兵役課長叫我到郡役所報到，在郡役所二樓桌上我看到一個『日本熊谷飛行學校』的黃色牛皮袋子。」

課長問他：「為何報考飛行學校？」

「我想當日本皇軍，尤其是空軍。」謝春梅答道。

「你父母知道嗎？」他再笑笑地說。

「我不知道他們知不知？」

「不知怎麼去？要刻印章，蓋同意書啊？」

「我自己去刻的。」

兵役課長從笑臉迎他，突然變臉說：「怎可偷刻父親的印章，在哪裡刻的？」

「在公館古金龍店裡刻的，花了兩角。」

「那這樣等候我的消息，有事再叫你來。」

父母親極力反對

謝春梅的父母親知道此事後極力反對，母親更是哭哭啼啼，公館分駐所所長松澤也到家裡調查，特別是思想調查，問東問西，問父親什麼，他都答都不知道。松澤走前說，調查資料會送上去，是否收到入學通知？要看上級。

▲謝春梅經筆試錄取熊谷飛行學校。

「那是中日盧溝橋事變第二年，因爺娘不同意，致我雖考上熊谷飛行學校，卻因未通過日本嚴格的思想考核，最後沒有入學，安了父母的心。我也開始心無旁騖，決定用心學醫，參加醫生檢定考試。」

兩少年飛行兵先後戰死

謝春梅說，少年飛行兵從一九三三年開始公開招考，但到一九三八年才出現第一位台籍少年飛行兵張彩鑑（一九二二年—一九四二年），又名松岡鑑三，頭份客家人，主要原因是日本人對台灣人不放心，思想考核特別嚴格，筆試過了，也不見得能入學，而他未通過，除了偷刻印章外，父母反對也是重大因素。

「後來我看報紙及相關資料，張彩鑑於一九四二年四月在緬甸作戰時，被炸彈破片擊中，三日後因感染破傷風而死亡[1]。」謝春梅考後的第二、三年，因日本兵源缺乏，少年飛行兵的錄取標準降低，有位叫劉志宏（一九二三年—一九四四年）是第四位考取少年飛行兵的台灣人，銅鑼人，一九四四年十二月十四日以飛機衝撞敵艦，以特攻方式戰死於菲律賓，為目前所知台灣第一位特攻隊員[2]。

謝春梅懷疑可能還有其他少年飛行兵，後來跟劉志宏一樣變成神風特攻隊隊員，以飛機衝撞敵艦殉難，他如果當時順利去念熊谷飛行學校，很有可能在二戰時就戰死了。

到日本找過橋邊一好

謝春梅報考少年飛行兵，校長橋邊一好曾登門關心，因這份因緣，他六十歲那年，與同學葉錦福等多人到日本九州旅遊，喝了些酒後，曾打電話給橋邊一好，他也親自接電話。那時橋邊一好已九十餘歲，但只是通電話，沒有去叨擾他，但他的同年劉開英則親自拜訪過橋邊校長。

謝春梅說，橋邊一好菸癮大，他的菸癮也不小，已吸了七十八年，以前一天要兩包，常抽朝日牌及敷島牌，現減量成兩天一包，主要抽台灣的長壽。

1　陳世芳（政治大學台灣史研究所博士生）撰〈軍事動員與少年飛行兵〉，《軍事航空》，頁18。

2　同註1。

遠赴嘉義求學

謝春梅十八歲考上嘉義商工，遠赴嘉義念書，想掙個鐵飯碗，但念了一年又重回學醫之路。他的公民老師近藤兵大郎，正是昭和六年（一九三一年）帶領嘉義農林野球隊，遠征日本甲子園棒球場，獲得全日本亞軍的指導教練；後來因緣際會，嘉農野球隊主投吳明捷的外甥鍾南弘，竟成為他的女婿。

昭和十二年（一九三七年）初，徐定標介紹謝春梅跟周朝棟醫師學醫，但他的性向仍未定下來，隔年（一九三八年）偷刻父親印章報考航空少年兵，錄取熊谷飛行學校，因身家思想調查未過，未讓他入學；昭和十四年（一九三九年）他再考上嘉義商工電氣科，遠赴嘉義求學。

念書想進石油會社

「我在周醫師那兒當了二年多助手，突然想到嘉義念書，念頭是參加乙種醫師考試要滿二十歲，難度很高，前途未卜，若念嘉義商工三年畢業，搞不好還可以找到一份石油會社的工作，而出磺坑礦場離石圍墻家也近。」

謝春梅到嘉義念書，花了不少父母積蓄，周朝棟醫師也不反對，還安排他住在嘉義大女婿家。周朝棟女婿姓余，也是客家人，家裡種田，也種菸葉，免費提供他住處，但吃自理。謝春梅在菸樓

▲就讀嘉義商工時的謝春梅。

自炊，余家也常提供食物給他，對他非常關照。

「嘉義地區有四所高校，分是嘉義高中、嘉義女中、嘉義農林與嘉義商工，嘉義商工是市立的，我念電氣科，班上學生有三十位，十七位日本人，十二位河洛人，只有我是客家人。」

謝春梅身在異鄉，發現除了一、兩位河洛人看他不順眼，會說「恁娘！憨客！」外，多數都對他都很友善。他騎腳踏車上課，住在嘉義市西邊的北社尾，離學校有三公里半，那一帶還有客家人住。

常見王永慶送米

學校附近有一家很大的米店，他常看到一位廿餘歲的年輕人騎著腳踏車，穿梭嘉義大街小巷送米，此人高瘦勤奮，令他印象深刻，因學校日本教職員宿舍的米也是此人在送，他常碰頭，只是點頭打招呼，當時他並不知此人是誰。

直到王永慶（一九一七年—二〇〇八年）建立台塑企業王國，他看電視始發現當年嘉義街頭送米者，竟成為「台灣經營之神」。王永慶是台灣光復後才離開家鄉嘉義，北上創業有成。

「我的成績很好，校長曾叫我及另位住在白河鎮的白朝儀同學到校長室，問我住哪裡，家有無電話，坐火車還是租屋，原來是要選班長。因我無上述條件，故後來沒選我。」

謝春梅功課雖不錯，但念了一年花了父母親一百餘元積蓄，那時母親做零工，一天才四角，一雙鞋、一頂帽要兩元半，他體諒母親的辛勞，且感覺出路不見得比學醫好，故念了一年就休學，繼續學醫。

謝春梅到嘉義念書前，傳出周朝棟出資讓余姓女婿、女兒回公館，開了公館第一家冰店，生意相當好。周朝棟這樣做，是覺得沒有讓女兒念很多書，想在經濟上給予彌補，也印證了「第一賣冰，第二做醫生」這句諺語，講得非常貼切。

近藤兵大郎名氣響亮

「嘉義農林野球隊教練近藤兵大郎，昭和六年（一九三一年）率隊遠征日本甲子園獲得全日本高中職野球賽亞軍，成為全台知名人物，他是嘉義農林公民老師，也到嘉義商工兼公民課，常跟學生們分享嘉農的光榮歷史。致他曾說，從日本寄來台灣的信，只要寫『近藤』，他就收得到，可見他知名度之高。」

謝春梅到嘉義念書，讓他感受到嘉義野球風氣之盛，而從近藤兵大郎口中，他更發現名揚甲子園野球場的嘉農主投吳明捷也是客家人，住在銅鑼老雞隆，與他住的石圍墻，只隔條後龍溪，讓他與有榮焉。

這支獲全日本（包括台灣、韓國、偽滿洲國）亞軍的嘉農野球隊，是由漢族、原住民與和族（日本人）共同組成的球隊，除客家人吳明捷外，閩南人有蘇正生、劉蒼麟，原住民有陳耕元（卑南族、前台東縣長陳建年的父親）、藍德和、羅保農、拓弘山（阿美族），其他選手是日本人。

吳明捷是 KANO 劇中靈魂

嘉義農林野球隊獲全日本高中野球賽亞軍的故事，直到民國一〇三年（二〇一四年）才被導演魏德聖拍成勵志電影《KANO》（嘉農），並在台灣、日本放映，在兩地都獲得廣大迴響。

謝春梅看後，感覺彷彿時光倒流，而近藤兵大郎、吳明捷是劇情中的靈魂人物，尤其是冠亞軍決賽時，身為主投兼第四棒的吳明捷，投到手指流血，疼痛難耐，仍咬緊牙關投完全局，拚戰到底精神，贏得全場五萬餘名觀眾喝采。

吳明捷的外甥鍾正志，是謝春梅女婿鍾南弘的弟弟，在苗栗開統一牙科診所，他與吳明捷已歸化日本的後裔一直保有聯繫；近藤兵大郎當年鼓勵吳明捷到日本發展，寫信給吳明捷父親吳揚安的信，信封他仍珍藏者。

鍾志正說，外公吳揚安娶了彭蘭妹、邱平妹、蘇水妹三位太太，從事土地代書工作，共生七子十四女，吳明捷與他母親吳二梅都是彭蘭妹所生，是他大舅。吳明捷的優異表現，後被早稻田大學網羅，加入該校棒球隊，也在經濟系進修。一九三六年，吳明捷在「東京六大學秋季賽」期間，以

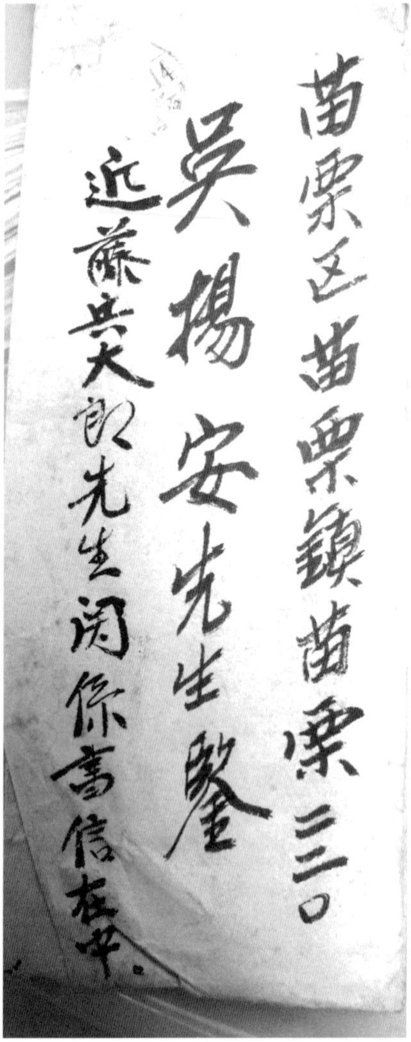

▲近藤兵大郎寄給吳明捷父親吳揚安的信封真跡。
照片／鍾志正提供。

▲吳明捷是台灣旅日棒球第一人，圖是他的簽名照。
照片／鍾志正提供。

三成三三的打擊率，成為打擊王，且締造七支全壘打，風靡日本，此紀錄維持二十年始被打破。

吳明捷一直保留中華民國護照，娶了兩位日籍太太，直到兒孫相繼成長才歸化日本籍，但每年仍會返台祭祖。吳明捷的妹妹吳坤梅畢業於日本齒科學校，是台灣第一位女齒科醫師，在日本開設高砂牙科，嫁給從事房地產的劉瑞華，劉瑞華是東京崇正會發起人之一，後也擔任會長。

女婿鍾南弘是吳明捷外甥

謝春梅沒想到數十年後，吳明捷家族竟與他結為親家，吳明捷的外甥鍾南弘畢業於台中體專，在公館國中擔任體育老師，後與他的三女謝玉芬相戀結婚，成為他的女婿。鍾南弘作育英才多年，惜不幸死於心肌梗塞，令他非常悲慟！現他的外孫鍾方仁也擔任牙醫師，在叔叔鍾志正的統一牙科診所服務。

鍾志正說，姪兒鍾方仁出生時，哥哥請父親鍾添富與岳父謝春梅給兒子各選一字共同命名，父親選「方」字，謝春梅選「仁」字，但謝春梅謙讓，故命名「鍾方仁」。

學醫路上的貴人

謝春梅從一九三六年開始學醫，陳見妹、徐定標是介紹他的貴人，期間曾到嘉義商工念了一年書，他先後跟過張純敏、周朝棟、劉家樑、吳遠裕等醫生習醫，並有多位醫師、師兄給予鼓勵、指導，讓他於一九四四年順利通過總督府乙種醫師考試及格，並於一九四五年五月開始，在公館家鄉行醫至今。

昭和十一年（一九三六年）謝春梅從公館公學校畢業，陳見妹從屏東寄來五元車資，鼓勵他與堂弟謝冬嶽到屏東張純敏牙科診所學做齒模，約做半年，因思鄉，加上想再念書，乃返鄉。雖然學做齒模未成，但陳見妹是他學醫路上的第一位貴人。

徐定標介紹跟周朝棟學醫

「返回家鄉時已快過農曆年，父親謝長煌要我暫時到徐定標開設的精米所（輾米廠）打雜，約一個半月後，即昭和十二年（一九三七年）初，徐定標又介紹我到公館長安醫院當藥童，跟周朝棟醫師學醫；謝冬嶽則介紹到新竹竹東周朝鑼醫師那兒學醫。周朝棟另位弟周朝鉅畢業於日本熊本醫科大學，則在北投開業。」

▲學醫時期的謝春梅。

徐定標是謝長煌的「田頭家」，當過公館庄長、新竹州協議會議員，對謝家一直很照顧，而來自新竹湖口的周朝棟（一八九五年—一九七七年），大正六年（一九一七年）畢業於台灣總督府醫學校，比蔣渭水（一八九一年—一九三一年）晚了三屆，先到高雄行醫，大正七年（一九一八年）到公館創立長安醫院，與徐定標是好友，周朝鑼是他弟弟，日本醫科大學畢業。

湖口周、傅兩家名醫輩出

湖口除出名醫張七郎父子[1]外，周家、傅家也出了不少醫師。周朝棟、周朝鑼兄弟的同宗周朝奇、周朝可，於大正四年（一九一五年）畢業於總督府醫學校，與蔣渭水、張七郎是同窗；杜聰明、翁俊明、賴和則是前一年（一九一四年）畢業。周朝奇曾擔任龍潭公醫，兒子周瑩光後從湖口搬到公館鶴岡定居。

1 張七郎（一八八八年—一九四七年）新竹湖口人，一九二一年移民花蓮鳳林行醫，當選花蓮縣參議會議長、制憲國大代表，並遠赴南京參加制憲會議，一九四九年返台，「二二八事件」不久，他與同是醫師的兒子張宗仁、張依仁、張果仁，同被軍方帶走，除張依仁後來獲釋，張七郎與另外二子慘遭殺害，張七郎的大哥張采香在父子合葬的墓園寫下「兩個小兒為伴侶，滿腔熱血洒郊原」墓聯，椎心泣血。

周瑩光說，湖口周家早期「朝」字輩學醫的相當多，他曾聽父親周朝奇講，以前湖口傅家有人考上總督府醫學校，請客演戲，演的是「關公過五關斬六將」；到他父親考上時則演「群英會」，以凸顯周瑜才幹，一別苗頭。周朝棟是他堂叔，周廷鑫是他堂哥，周廷鑫後跟周朝棟學醫，考上醫師執照，開設明德醫院。

謝春梅說，周家兄弟與中壢吳鴻森、吳鴻麟昆仲是總督醫學校前後期同學，也是兒時玩伴，周朝鑼後來到大湖開業，湖口傅屋亦有人到大湖開業，周、傅兩家的醫術競爭也從家鄉延伸到大湖。

公館早期兩位西醫

那時公館只有兩家西醫醫院，除周朝棟開的長安醫院，另一家是江嶸基（一九一〇年—一九五九年）開的濟陽醫院，兩位名醫在一九三五年石圍墻大地震救人無數，也都接受台灣最現代化的醫學教育。

▼▶周廷鑫也跟周朝棟學醫，是謝春梅的師兄，連手抄講義都提供給謝春梅參考。

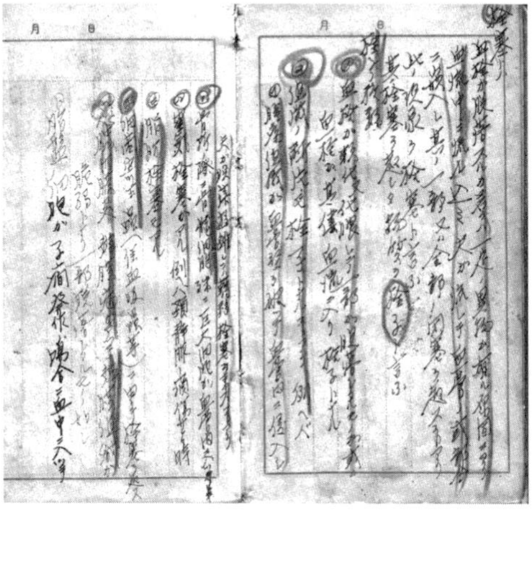

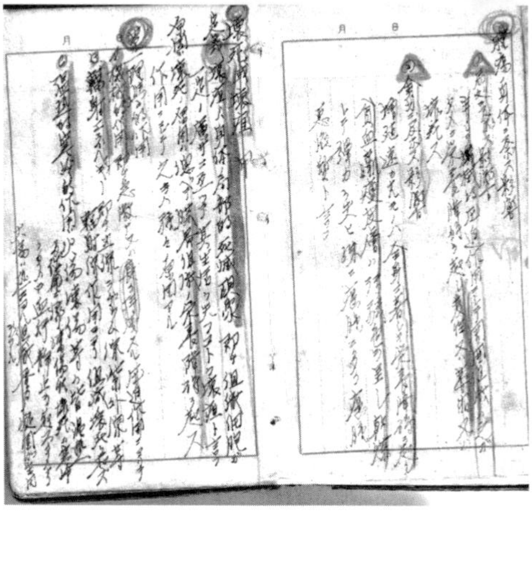

而台灣現代化醫學教育的催生者是後藤新平（一八五七年—一九二九年），日人據台第二年（一八九六年），他派東京帝大醫科畢業的山口秀高來台，於明治三十年（一八九七年）四月先設立醫學講習所，這是台灣官設現代醫學教育之濫觴。

明治三十二年（一八九九年）四月台灣總督府醫學校正式成立，大正八年（一九一九年）再改為台灣總督府醫學專門學校[2]。周朝棟一九一七年畢業，是總督府醫學校畢業，而江嶸基則是總督府醫學專門學校畢業。

2 陳永興《台灣醫界人物誌》，台北望春風文化，二〇〇四年，頁48。

▲總督府台北醫專是培養台灣現代化醫師的搖籃，圖為一九三四年台北醫專畢業照，江嶸基是畢業生之一。

在周朝棟之前，畢業於總督府醫學校的彭天桂（一八八三年—一九四五年），在明治四十二年（一九〇九年）就回鄉在銅鑼開設得壽醫院，他近視達千餘度，妻子曾未妹是公館出礦坑人，也常到公館行醫。

建立「師徒制」乙種醫師

日治時期台灣總督府雖設有醫學校（後改為醫專），但所培養的醫師仍不夠社會需求，致也建立「師徒制」的乙種醫師考試制度，以因應偏鄉醫療資源的不足。致醫學校畢業的開業醫師也收「藥童」，邊當助手，邊學醫術，有如師徒，但仍要經過嚴格的學科與術科考試，才能取得乙種醫師資格。

「我到周朝棟的長安醫院當藥童之前，跟周朝棟學醫的還有林喜蘭及他的姪兒周廷鑫（一九一六年—一九九五年），兩人分於昭和十年（一九三五年）、十六年（一九四一年）通過乙等醫師考試及格。他倆考上醫師執照後，林喜蘭研讀的《內科診斷學》，周廷鑫的筆記小抄都借給我參考，至今我還珍藏者。」

謝春梅跟隨周朝棟習醫時，也受到師兄林喜蘭、周廷鑫的照顧；而他跟周朝棟學醫的兩年多期間，因志向未定，曾先後報考熊谷飛行學校及嘉義商工電氣科，也都獲錄取，但熊谷飛行學校身家調查未通過，嘉義商工則去念了一年。

當年有此念頭，是因報考乙種醫師考試須年滿二十歲，前途未卜，若念嘉義商工三年畢業，搞不好還可以在石油會社找到一份鐵飯碗。

再跟劉家樑學眼科

「因在外念書花費很大，我念了一年，成績也名列前茅，但覺得父母太辛勞，出路也不見得比學醫好，而且我跟周朝棟已學了兩年半，總不能半途而廢，周醫師也歡迎我回去，但我不好意思，乃到苗栗劉家樑眼科診所跟劉家樑醫師學醫。」

謝春梅再次遇到貴人，劉家樑不但教他醫術，知道他想參加乙種醫師考試，晚上還幫他補習學科，劉家樑大他十歲，那時仍未婚，有人正忙著幫他作媒，劉家樑的兩個妹妹也很熱心，晚上常煮綠豆湯慰勞師徒倆。

日治時期麻藥列入管制，他到職三天後發現診所內的麻藥沒有整理記錄，幸好日本警察櫻井來查，沒被發現，他告訴劉家樑，劉家樑非常欣賞他工作的用心與細心，後來連醫院的儲金簿與印章都交給他管理。那時月薪十五元，一般工人做工辛苦一天才四角，感覺比做工好。

擔任舅舅吳遠裕助手

「正當我在劉家樑那兒學醫，如魚得水時，在新竹開設岩田醫院的舅舅吳遠裕，因急需醫療助手，透過媽媽關係，急著要我過去幫忙。原因是我另外一位舅舅吳遠球跟吳遠裕學醫，因二次世界大戰需求，被日本政府徵調到海南島當醫護人員，他正缺乏一位得力的醫療助手。」

吳遠裕是謝春梅母親謝吳新妹的堂哥，面對舅舅的急召，已有兩、三年醫療經驗的他，不得不向劉家樑辭職，劉家樑面對他的請辭，搞得茶飯不思，他到岩田醫院後還寫信向劉家樑致歉。

「吳遠裕畢業於日本愛知醫科大學，與日籍太太蟹江愛子住在一起，岩田醫院是新竹州政府的囑託醫院，吳遠裕又擔任新竹市協議會員，跟日本官方關係相當好，致他外務非常相當多，我也學了很多。」

謝春梅從公館、苗栗鄉下到新竹都會後，眼界大開，吳遠裕聘的醫療助手連他有三位，護士也有四、五位，醫院病人相當多，各種症狀都有，他從舅舅身上也學到很多臨床經驗，那時他的薪水已高達六十元。

跟多位名醫學臨床

「在岩田醫院對面開設南鄉婦產科的彭熙庚醫師，與江嶸基是台北醫專前後期同學，對我也照顧有加，知道我要考試，為充實我的臨床知識，凡醫院有開刀，都叫我過去見習。新竹醫院外科主任是日本人，姓森，也常指導我，他們都是我學醫的貴人。」

謝春梅學醫一路下來，除受到張純敏、周朝棟、劉家樑、吳遠裕及師兄林喜蘭、周廷鑫的指導，江嶸基對他也鼓勵有加，那時考醫師的參考書，手抄講義傳來傳去，他手中也有江嶸基真跡抄本，更巧的是講義中的內分泌理論，他參加乙等醫師檢定考時，竟然出現在考題中，他照講義答得很好，結果得了滿分。

林喜蘭被稱「馬蘭」

「林喜蘭、周廷鑫算是我在周朝棟那兒學醫的師兄，也比我先考上乙等醫師證照，那時醫師除了坐轎行醫，聽說周朝棟還買了一頭驢，常騎驢下鄉看診，當藥童的林喜蘭平日也要兼看顧餵養這頭驢，故也有人給他取個『馬蘭』的外號。」

林喜蘭、苗栗體仁診所林阿松，分於昭和十年（一九三五年）、昭和十四年（一九三九年）考上醫師執照，周廷鑫昭和十六年（一九四一年）考上，林禮成跟苗栗東海醫院醫師徐阿煌學醫，徐阿煌也是總督府台北醫學校畢業，林阿松大謝春梅四歲，九十六歲高齡去世，在聯合大學舉辦追思會，謝春梅也有參加。

通過乙種醫師考試檢定

「昭和十八年（一九四三年）八月三日，我順利通過乙種醫師學說試驗考試，同時通過的還有江森仁、何禮朋、河木德之、安部康夫等數十人，八月十七日再到台北帝國大學醫學部附屬醫院進行乙種醫師實地試驗，可惜婦產科沒有通過，直到昭和十九年（一九四四年）才順利取得乙種醫師合格證書。」

謝春梅參加乙等醫師考試，一般學科考三天，上下午都考，內科、外科、小兒科、婦產科及基礎醫學都考，學科通過後再實地臨床試驗考，兩者皆通過才發給證書，並要到台大參加四個月到半年的醫師訓練，才發給醫師執照。

謝春梅與江嶸基的姪兒江森仁同時通過乙種醫師學說試驗考試，但臨床實地試驗第一年江森仁就通過，謝春梅卻晚了一年。江森仁取得醫師資格後被徵調當軍醫，不幸在越南西貢外海遭美軍魚雷擊斃；江森仁是江新基之子，當年戀愛的女子他都認識，英年戰死，令人惋惜。

末代總督發給「醫師免許證」

「昭和十九年（一九四四年）十月六日，擔任台灣醫師試驗委員長的台灣總督府總務長官齊藤樹，發給我第九十七號乙種醫師試驗合格證書，但直到昭和二十年（一九四五年）十月二十五日，台灣末代總督安藤利吉在台北市公會堂（中山堂）向台灣行政長官陳儀受降當天，才以台灣總督安藤利吉、台灣總督府警務局長沼越正已名義發給我『醫師免許證』，准予在新竹州苗栗郡公館庄福基地區開業。」

謝春梅說，他在台灣光復前一年就取得醫師執照，卻到光復當天才取得開業執照，是遭日本殖民政府扣下來未發，準備徵調當軍醫用。他雖在台灣光復後才正式開業，但在日本戰敗投降前三個月，就回鄉擔任「福基戰時診療所」主任，以醫師名義行醫。福基戰時診療所在現福基派出所上兩間，第一任主任劉阿檀醫師，西湖人，是劉家樑的堂哥。

他回憶學醫過程，周朝棟、劉家樑指導他醫術最多，十九歲到舅舅吳遠裕那兒幫忙，二十歲訂婚，二十一歲結婚，一直做到二十三歲考上乙等醫師執照，約做了四年，相處最久，也給他給最大的揮灑空間。

石圍墻庄兩大望族

徐炳祥、陳捷順兩大家族，日治時代是石圍墻的望族，謝春梅也受這兩大家族之恩。徐炳祥曾任興隆區長，次子徐定標再接公館庄長。台灣光復後，徐炳祥的長孫徐金錫當選第八、九居鄉長，曾孫徐志榮再當選十三、十四居鄉長，祖孫四代都當過鄉長。

陳捷順日治時期擔任石圍墻庄四十餘年保正，長子陳漢初是地方名儒，三子陳漢秋留學日本東京帝大，不幸死於大地震；四子陳北開曾任鄉農會理事長，五子陳日陞在鄉公所服務四十五年，歷任九位鄉長，其中秘書幹了二十六年，是公館鄉的「活字典」。

父子兩代受徐家之恩

「父親謝長煌年輕時在徐炳祥家做長年，後來再耕佃他次子徐定標開的田，故父子都非常照顧我家，後來徐定標還介紹我到周朝棟的長安院當藥童，故徐家父子對我家兩代都有恩，是我家的恩人。」

謝春梅童年就住在徐炳祥家隔壁，五、六歲時對「炳祥伯公」就有很深印象，他學問好，又慈祥，是庄內人人敬重的鄉紳，他在書房寫字、看書的身影，以及「炳祥伯母」陳對妹拿針縫衣的情景，仍歷歷在目。

徐炳祥任興隆區長

徐炳祥（一八六二年—一九三一年）清末曾赴台南參加鄉試，清光緒二十一年（一八九五年）日人據台，科舉夢斷，乃號召鄉親在石圍墻庄開了三、四十公頃良田，後來日人重其才能，請他擔任興隆區長，石圍墻也屬興隆區管轄，那時興隆區管芎中七石隆興，辛亥年（一九一一年）山洪，「水打七十份」，後龍溪改道後，石圍墻才劃入公館區管轄。

徐炳祥卸下興隆區長後，在石圍墻庄開雜貨店，成為庄內最熱鬧的商業中心。徐炳祥先娶廖氏，生有三男一女，廖氏中年去世，再娶陳對妹為妻，又生五男三女，並認養一養女，其中一子幼年去世，剩七男五女。

七男依序是徐春岳、徐定標、徐運昌、徐耀宗、徐棪超、徐瑞軒、徐玉衡，其中屘子徐玉衡是他五十一歲時所生。四

▲徐定標夫婦與子孫們合影。

▲徐炳祥（左圖）、徐定標（右圖）父子，日治時期分擔任過興隆區長、公館庄長。

女依序是梅妹、丁妹、樹妹、元妹、養女源紹[1]。

「徐炳祥於昭和六年（一九三一年）過世，日本政府下令學校派一個班級學生給他送行，扛輓聯，我也有給他送行，場面相當熱鬧，可說備極哀榮。」

徐定標任公館庄長

徐炳祥去世後，長子徐春岳繼承父業，經營雜貨店，次子徐定標（一八八九年—一九五七年）畢業於台灣總督府國語學校師範部，在公館公學校擔任七年訓導主任後，大正九年（一九二〇年）四月接公館第二任區長湯仕路（一八五三年—一九二九年）棒，擔任公館庄長，直到昭和二年（一九二七年）四月始交棒給黃玉盛，但仍出任新竹州協議會會員四年[2]。

「昭和十一年（一九三六）冬，我從屏東張

1 何來美撰人物誌〈徐炳祥、陳捷順、徐定標〉，收錄於黃鼎松主編《公館鄉誌》，一九九四年，公館鄉公所，頁577–578。
2 同註1，頁585。

純敏牙科診所回鄉後，到中小義（中義村）徐定標開設的精米所（輾米廠）幫忙近兩個月，近距離觀察徐定標的為人，發現他雖受日人倚重出任公館庄長，但仍懷著祖國情，非常崇拜蔣介石。」

徐定標讚佩蔣介石

謝春梅到徐定標輾米廠服務時，已快過農曆年，除夕晚在徐定標家吃年夜飯，他看到徐定標開了瓶「瑞光牌」日本清酒，一人在自酌、自言、自嘆！約喝三分之一瓶後，突然對著三子徐昭烈說：「照烈，你知道中國誰最偉大？」

徐昭烈大謝春梅幾歲，愛好體育，對政治、歷史不感興趣，一時不知如何回答父親？謝春梅也驚訝徐定標念過總督府國語學校，當過公館庄長，受日人重用，也給日本統治幾十年了，怎還有如此強烈的中國認同？

徐定標接著繼續喝，喝到三分之二瓶又說：「你不知，那阿爸告訴你，他叫蔣介石。」

再接著他更大聲地的說：「他跟阿爸同年哦！」

那時日本正準備侵略中國，徐定標酒後吐真言，讓謝春梅印象深刻，結果昭和十二年（民國二十六年，一九三七年）日本軍主義就借機製造「盧溝橋事變」，開始全面侵略中國。

謝春梅那年除夕在徐家吃完飯，徐昭烈才用腳踏車載他回石圍墻過年。那年春節後，徐定標介紹謝春梅到公館長安診所，跟周朝棟學醫，真正開啟了他的醫學之路。

徐滌源任縣農會總幹事

徐定標娶徐范盡妹為妻，生有懋勳、滌源、昭烈、兆康、上奎、鑑銘六子及女兒徐海妹，兆康年輕不幸病逝。徐海妹幼年時曾請謝春梅的祖母謝乙妹當保姆。徐滌源日本早稻田大學經濟系畢業，深受林為恭縣長倚重，擔任縣府秘書，後擔任公館鄉農會與縣農會總幹事，在任內去世。

徐上奎經營蠶絲加工廠，與孫鳳招結婚後生有徐演浩、徐士能、徐志榮、徐以正四子與女兒徐淑瑛。徐滌源與張彩楣結婚後未生育，徐志榮乃過繼給徐滌源當養子，並經營碧多尼絲織公司有成[3]。

沈鳳招是中小義先賢孫天財（一八七四年—一九六八年）的孫女，孫振雲的女兒，民國五十三年（一九六四年）農曆三月二十五日孫天財做九十一歲大壽，縣長林為恭、議長沈珮錄、縣議員陳華木，周洪傑、李玉羅，鄉長鍾錦垣、村長鍾丁貴、公館鄉民眾服務分社主任江聰仁都參加壽宴，可說冠蓋雲集。

3 同註1，頁585–586。

▲孫天財九十一歲生日，地方政要前來祝賀，前排坐者由右至左依序是鍾丁貴、徐滌源、陳華木、李玉羅、沈珮錄、孫天財，林為恭、鍾錦垣、周洪傑。

叔姪相繼當選鄉長

「徐春岳的長子徐金錫，亦即徐炳祥的長孫徐金錫（一九二六年—二〇一三年），小我四歲，小時候很少玩在一起，因我下課後要割草、牽牛吃水，少有跟孩童嬉戲的時間。徐金錫娶公館名醫江嶸基的長女江碧玉為妻，後擔任公館鄉第八、九屆鄉長。」

謝春梅說，繼徐金錫之後，民國八十八年（一九九九年）第十三屆公館鄉長補選，徐志榮擊敗當時的鄉公所秘書林乾新當選，接著第十四屆鄉長選舉只有徐志榮一人登記，同額選舉，輕鬆蟬聯。

徐志榮鄉長卸任後，本已退出政壇，但民國一〇三年（二〇一四年）的縣長選舉，因立委徐耀昌當選縣長，立委必須補選，結果徐志

▲徐炳祥的長孫徐金錫（前排左三）當選兩屆公館鄉長，圖為他榮任縣府林務課長時與同學合影。

榮被國民黨拱出來參選，擊敗民進黨提名的吳宜臻。一〇五年（二〇一六年）初第九屆立委選舉，徐志榮再度擊敗吳宜臻，順利連任。

徐棪超育有漢飛、漢斌、漢淼、漢強四子，其中前三位在外交部服務，曾一起考上外交官，在地方也傳為佳話。

陳家多才子　愛情故事多

「若說徐家子弟從政多，那麼陳家則是才子、佳人多，而且譜出不少動人的愛情故事。」石圍墻庄另一望族是陳捷順（一八七二年—一九五七年）家族，陳捷順原名陳捷，是陳煥南所生，乙未戰役曾響應丘逢甲號召組義軍，在苗栗營頭崠抵抗日軍，兵敗為恐日人報復，改名陳捷順[4]。

4　邱德煥撰人物誌〈陳捷順〉，收錄於黃鼎松主編《公館鄉誌》，一九九四年，公館鄉公所，頁579。

▲陳捷順歡度八十一歲生日與子孫們合影。

▲徐志榮（騎車者）也當選公館鄉長，圖為他在新加坡與生父徐上奎、哥哥徐士能合影。

陳捷順日治時期擔任石墻村保正長達四十餘年，娶有兩房妻室，共生六子，大房四子依序是陳漢初、陳關元、陳漢秋、陳北開；二房兩子是陳日陞、陳日榮。

陳漢秋留學日本東京帝國大學，與增山靜子譜出中日戀情，並生一子，惜陳漢秋返台後，在中部大地震時受傷去世，留下遺憾！

「陳日陞追求愛情的浪漫不輸三哥陳漢秋，他看上我舅吳遠裕醫師的女兒張玉彩（給公館五穀岡張永浩當養女），展開熱烈追求，結果有情人終成眷屬，並白頭偕老。」

謝春梅小陳日陞兩歲，陳日陞追張玉彩時，他正跟吳遠裕學醫，吳遠裕的日籍妻子蟹江愛子非常關心張玉彩婚事，還請他向陳日陞要了張照片，蟹江愛子看了非常滿意，也玉成這門親事。

陳香菊是首位女代表

「陳捷順的女兒陳香菊（一九一二年—二〇一二年）長我十歲，日治中葉在製糖會社擔任會計，徐定標非常中意她，想給長子徐懋勳做媳婦，但陳香菊自由戀愛，卻喜歡上徐定標的六弟徐瑞軒，徐瑞軒也展開情書攻勢，後結為連理，未成媳婦，卻成弟媳。」

陳香菊在謝春梅眼中是石圍墻庄的女中豪傑，學問、思想、觀念都走在時代前端，日治時期是績優幼教老師，光復後曾任第五、六屆公館鄉民代表，是鄉內第一位女代表，謝春梅第六屆當選代表並任副主席，兩人在議場也共事過。她活到一百零一歲高齡，仍珍藏者夫婿早年求她時所寫的情書與情詩，她對愛情的執著與浪漫一點也未讓兄弟陳漢秋、陳日陞專美於前。

▲陳捷順（左圖）日治時期擔任石圍墻保正多年。他的長子陳漢初（右圖）是地方名儒，著有《石圍墻越蹟通鑑》。

陳漢初著《石圍墻越蹟通鑑》

「弟妹留下浪漫愛情故事，身為大哥的陳漢初（一八九五年—一九七三年），則是石圍墻庄民敬重的名儒，公學校畢業後考上台灣總督府醫學校，與苗栗東海醫院名醫徐阿煌是同窗，與賴和、蔣渭水也是前後期同學，惜後因病輟學在家療養，否則將是公館最早的西醫。」

謝春梅從小就尊敬陳漢初，除了陳漢初長女陳見妹介紹他到屏東學做齒模，是他一生的恩人，次子陳中和是他同年外，陳漢初「先知先覺」的學養更令他折服。早在一九二七年陳漢初就完成庄史《石圍墻越蹟通鑑》，記錄石圍墻百餘年的開發史，一九三五年石圍墻大地震後，他亦領導災民規劃重建石圍墻庄，並撰寫「石圍墻大震災殉難碑文」。

《石圍墻越蹟通鑑》可說是苗栗縣內最早的一本村史，記載石圍墻的開拓、石墻建築起源、人情風俗、保甲制度、水患、土匪跋扈、粵閩鬩牆、番害、油礦開採、日人治台、列傳與傳說，民國三十五年（一九四六年）他再增補內容，成為後代了解石圍墻歷史的經典之作。

陳漢初醫學校雖未畢業，但仍考取稅務吏職，也曾遠赴高雄、屏東、南投一帶創業，直到台灣光復後返回家鄉，鑽研漢醫，懸壺濟世。

陳北開曾任公館鄉農會理事長，並在石圍墻推廣「子弟班」，農閒時常下鄉粉墨登場；陳家從大陸引進紅棗，他亦熱心推廣，現已成公館鄉特產。

▲大正十五年（一九二六年）徐炳祥與子孫們合影。

陳日陞是公館「活字典」

陳日陞從公館庄役場書記幹起，歷經松林忠太郎、湯甘來、劉恩源、黃榮桂、謝阿盛、鍾錦垣、邱其湘、江聰仁、徐金錫等九位庄（鄉）長，共服務四十五年，於民國七十四年（一九八五年）退休，其中有二十六年擔任秘書，輔佐四位鄉長，從日治到國民政府，他見證了公館鄉的發展歷史，也參與《公館鄉誌》編撰，被譽為公館「活字典」。

「父親重視愛情，對參政沒興趣。」陳少君觀察父親，每到鄉長改選時，有意參選者都會先徵詢父親，有無「更上層樓」意願，若沒有他們才選，而父親都寧做副首，一直讓賢到退休。

七個女兒都有好歸宿

陳捷順生有七個女兒，長女陳新妹嫁給賴傳亮，賴傳亮當他的保甲書記，結果變成他的「婿郎」。次女陳蘭英嫁到中小義，三女陳香菊嫁給徐瑞軒，四女陳蓮招嫁給傅家田，五女陳秋菊嫁給張信河（曾任銅鑼鄉長），六女陳秋香嫁給徐慶松，七女陳玉霜，移民加拿大。

陳捷順也抱有養女陳細菊（一九二三年—二〇一五年），本來要給陳日陞當童養媳，但她十餘歲就出家，在竹山德山寺擔任住持。

石圍墻庄除了徐炳祥、陳捷順兩大望族外：王添郎、賴阿鼎家族亦頗有影響力。

陳漢秋未竟的台日情緣

石圍墻保正陳捷順的三子陳漢秋，日據中期遠赴日本東京帝國大學農業部深造，與日籍女子增山靜子相戀，並生有一子，因未獲父母諒解，加上陳家事業失敗，增山靜子含淚攜子先返日；他因籌不出旅費，在台鬱鬱寡歡，後碰上中部大地震，不幸傷重不治，留下未竟的台日情緣。

「陳家多才子，愛情故事多，若說陳日陞追求張玉彩，愛情故事動人；那麼他的三哥陳漢秋與增山靜子的戀情，則是淒美，令人感傷。」

謝春梅與陳漢秋（一九〇七年—一九三五年）並不熟識，他童年時，陳漢秋正在淡水、東京念書，到他長大後，才從陳漢秋的兄弟及姪女陳見妹、陳泉妹口中，得知陳漢秋淒美的戀情，陳見妹、陳泉妹都與日本人結婚，陳漢秋與增山靜子的愛情則留下遺憾！

在日本參加東寧學會

「三哥陳漢秋雞隆公學校（現銅鑼興隆國小）畢業後，考取台北淡水中學，與黃國書及另兩位家住新竹北埔（其中一位姓姜）的客家人是同學，他們不滿日本人歧視台灣人，充滿抗日思想，遭到日籍教官注意，傳出將開除他們，大哥陳漢初知道後出面奔走，購買船票，將三哥送到日本東京，先念當地高中，再考上東京帝國大學農業部。」

▲陳漢秋留學日本東京帝國大學的英姿。

陳漢秋的四弟陳北開民國八十七年（一九九八年）接受筆者採訪，談到三哥陳漢秋的求學遭遇，而陳漢秋赴日前就已加入國民黨，到日本後認識丘念台（一八九四年—一九六七年），加入「東寧學會」，跟著丘念台學漢文，並一度想轉往大陸求學，後因認識日籍女子增山靜子，陷入熱戀，才沒過去。

黃國書（一九〇五年—一九八七年）本名葉焱生，新竹北埔客家人，原念總督府國語學校，因暑假奉公（義務勞動服務）與日本警察起衝突，遭到退學，後改念淡水中學，再由大哥葉護仁介紹到上海念大學，碰到蔣介石，蔣介石鼓勵他到日本念士官學校，但台灣人受日本殖民統治不能念日本軍校，且他有與日警衝突前科，乃改名換姓叫「黃國書」，後在日本士官學校第十九期以第一名畢業[1]。

與黃國書在日本話別

「黃國書到日本念士官學校時，與三哥陳漢秋於東京再度聯繫上，並與丘念台過從甚密，黃國

1 何來美《台灣客家政治風雲錄》，台北聯經，二〇一七年，頁190–191。

書畢業後回大陸發展，受到蔣介石重用；三哥本想到大陸求學發展，但已跟增山靜子同居，且生下一子，無法赴大陸，黃國書乃在東京與他話別，各奔前程。」

陳北開說，三哥陳漢秋與黃運金、劉闊才、劉定國等，都是同一時期留學日本的地方菁英，父親陳捷順對三哥也寄望甚深，後來卻傳出一些不利三哥的閒言閒語，指其在東京「用錢打水漂」，根本沒有好好念書，而是跟日籍女子談戀愛，並已同居，父親得知非常生氣。

被父親電召回國

「當時東京物價已很貴，三哥交了女朋友後，錢花得更兇，每月竟要家裡寄一百二十日圓生活費，相當於二千台斤稻穀價錢，是筆沉重負擔，加上大哥陳漢初在南投水里坑經營木材生意失敗，也賣掉家中不少田產，家道中落，家裡已無力再負擔，父親乃電召三哥回國。」

那時陳漢秋與增山靜子已生下一子，但台灣家人並不知情。陳漢秋面對父親的電召，帶著增山靜子母子搭船返台，心裡卻忐忑不安，要如何向父母交待啊！致他將增山靜子母子滯留在基隆港，獨自一人返回石圍墻家，但仍舊紙包不住火。

增山靜子帶子返日

那年是昭和五年（一九三〇年），陳捷順雖擔任保正，與日人交好，但私下仍認為中日文化、倫理觀念仍有極大差別，夫婦並不贊同陳漢秋與增山靜子結婚，而籌不出旅費的陳漢秋坐困愁城，央求兄弟幫忙，也僅籌到讓增山靜山母子回日本的旅費，他則被困在台灣。

在陳北開眼中，從小在外念書的陳漢秋幾沒做過農事，是個「軟腳蝦」，因思念增山靜子與兒子，有陣子近乎抓狂，一再懇求父親，讓他先分田產籌措旅費，再到日本念完東京帝大的學業，但以當時的家境，陳捷順怎會答應呢？

地震重傷不治

「三哥大我九歲，一個東京帝大的高材生，竟淪落成『掌牛哥』，終日鬱鬱寡歡，我那時還小，看了不忍，但也愛莫能助。」

陳漢秋返日未成，只好留在家中務農，有天他牽牛沐浴，碰到在東京認識的明治大學畢業生成田，在銅鑼分駐所當警官，得知他返日念書不成，乃介紹他到雞隆公學校當教師。

陳北開說，三哥當老師後，再認識以前淡水中學的鄭姓女同學，並結為夫妻，但心裡掛念的仍是增山靜子與兒子。昭和十年（一九三五年）中部大地震，石圍墻、新雞隆、老雞隆位於地震斷層帶，三哥住在學校宿舍，不幸受重傷，後來不治，年僅二十九歲，是陳家三名罹難者之一。三哥罹難後，鄭姓女子也改嫁。

赴日尋母子未成

「增山靜子的父親好像是日本駐中國東北關東軍少將，增山靜子母子含淚返回日本後，三哥再也沒有見過這對母子。二次世界大戰結束，台灣光復，我們兄弟本籌措了旅費，準備到日本找增山靜子，希望幫三哥找回留在日本的兒子，以延續香火，後因一再蹉跎，加上舊台幣貶值，四萬元舊台幣換一元新台幣，最後並未成行。」

陳漢秋的五弟陳日陞生前受訪感慨地說，父親電召三哥回國，碰巧遇到颱風，父親怕船難，日夜在祖先面前上香祈禱，愛子之情溢於言表。後來三哥平安返台，卻因家中事業失敗，籌不出旅費返日，不但學業未成，也留下未竟的台日姻緣。

直到民國七十年初，台灣開放出國觀光，相傳陳漢秋的親友有人在東京見到增山靜子與她的兒子，圓了當年心願，當時在飯店負責翻譯的是曾在京都留學的已故銅鑼鄉長李南鵬，李南鵬生前也曾跟筆者談及此事，當時相談甚歡。

但筆者於民國八十七年（一九九八年）向陳北開、陳日陞昆仲查詢此事，他們則表示沒有聽說。如果真的有見到增山靜子母子一面，相信是陳漢秋的親友最大的心願。

人生境遇有如天壤

陳漢秋在一九三五年的中部大地震罹難，他的淡水中學同學葉焱生（黃國書）日本士官學校畢業後，回到大陸發展，受到蔣介石重用，並再到法國、德國學軍事，抗戰期間已是中將副軍長。抗戰勝利，台灣光復，黃國書以「半山」回台，當選制憲國大代表、第一屆立法委員，一九四九年國民政府遷來台北，先後當選立法院副院長、院長，成為中央五院首位台籍院長。

直到一九七二年，他與兒子葉克倭因國光人壽掏空案，請辭立法院長，仍續當立委，於一九八七年去世，葉克倭則遠走海外遭通緝[2]。雖然黃國書晚年也不順，甚至去世時連兒子也無法返台奔喪，但畢竟他曾權傾一時，比起陳漢秋英年早逝，台日情緣未成，仍有天壤之別。

謝春梅認為陳漢秋與增山靜子的戀情，以目前社會觀點來看，父母的反對似乎有點不近人情，但是以八十餘年前的社會氛圍，以及台日文化差異來看，卻難論對錯。陳漢秋當年若能再回日本完成學業，並迎娶增山靜子回台，人生的命運可能會產生大轉變，但又有誰算得準呢？

---

2 同註1，頁192–195。

徐瑞軒情詩打動陳香菊

公館石圍墻庄徐、陳兩大家族聯姻，最轟動的是徐炳祥的六子徐瑞軒，迎娶陳捷順的三女陳香菊，兩人自由戀愛，文采風流的徐瑞軒，情詩打動了陳香菊。

陳香菊是公館鄉第一位女性鄉民代表，與謝春梅共事過，巾幗不讓鬚眉，批評時政非常犀利。徐瑞軒晚年嗜酒如命，她始終寬容，並珍藏老公生前寫給她的情書、情詩，緬懷過去戀愛甜蜜時光，活到百歲高齡。

兒媳未成　反成弟媳

「陳香菊大我十歲，公館農業專修學校畢業，少女時代漂亮又能幹，在製糖會社擔任會計，她的父親陳捷順、徐炳祥的次子徐定標都是製糖會社委員，徐定標非常中意她，想給長子徐懋動做媳婦，但沒想到自己六弟徐瑞軒也展開追求，結果兒媳未當成，反變成弟媳婦。」

謝春梅公學校畢業後，曾在徐定標家開設的輾米廠當了一陣子雜工，知道這段愛情故事。民國八十五年（一九九六年）底，陳香菊接受筆者採訪，也重溫這段往事，並取出一大疊徐瑞軒生前寫給她的情詩與情書。

▲徐瑞軒追求陳香菊展開情書攻勢，終結為連理（左圖）。陳香菊八十五歲時重溫徐瑞軒寫給她的情詩（右圖）。

陳香菊說，昭和初年日本在台灣拓展糖業，公館也成立製糖會社，大量栽種甘蔗，收成時由她與徐瑞軒到蔗園負責記帳，徐定標剛卸下公館庄長職務，很中意她，透過媒人想許配給長子徐懋勳，但她以徐懋勳已有童養媳，且人長得比她還漂亮為由，請媒人轉達婉謝。之後，徐瑞軒對她展開情書攻勢，結果她沒當成徐定標的兒媳婦，反變為他的弟媳婦。

緣份前生注定

「我出生滿月當天，祖母就有意把我送給石圍墻庄的徐炳祥當童養媳，但徐家來揹當天，碰巧祖母過世，結果童養媳未當成，後來自由戀愛，仍跟徐炳祥六子徐瑞軒結為夫妻，致我相信緣份是前生注定。當年揹我未成的徐陳對妹，廿餘年後仍是我的『家娘』（婆婆）。」

早年台灣社會流行抱「小心臼」（童養媳），以節省婚嫁經費，石圍墻陳、徐兩家雖是望族，家境富裕，但是也照樣抱童養媳，不僅陳香菊嬰兒時有意給徐家做小心臼，她的父親陳捷順也抱了一位小心臼陳細菊，準備給弟弟陳日陞，但後來陳日陞自由戀愛娶了張玉彩，陳細菊也出家，擔任竹山德山寺住持。

陳細菊生於大正元年（一九一二年）元旦，當天剛好是國父孫中山創建的中華民國成立。徐瑞軒長陳香菊兩歲，與徐定標是同父異母兄弟，從小從母親徐陳對妹口中，也得知本有意抱陳香菊做小心臼；沒想到小時候未促成，現在製糖會社竟共事，常一起下鄉記帳，豈不是「緣份前生定」嗎？

展開情詩、情書攻勢

「春惱人間到枕邊，閨中深鎖夜如年；麗花蝴蝶何為信，我愛君情幾百天」；「每欲逢君不得逢，故常想去繡房中；又驚消息能洩漏，如此思心裡更裡」。

▲徐定標（右五）在公館推廣甘蔗種植。

徐瑞軒人如其名，氣宇軒昂，雖受日本教育，但漢學素養也佳。他早就中意陳香菊，平日共事不好啟齒，得知她婉謝姪兒婚配後，遂展開情詩、情書攻勢。

陳香菊也心儀徐瑞軒，但本著女性的矜持，起初對徐瑞軒寫的情詩、情書未予理會，但徐瑞軒不死心，攻勢越來越猛，令她難以招架。

似花未開　如雨未落

「……天地之間，百物蒼盛，然而你我之愛，似花未開，如雨未落，在黑暗中留，幾時得明，天豈不惠，地何不祐？無蝶為媒，謂花如何結果，令人地慘天愁，試問嚴君，余前生作過何惡乎！今生雖無緣份，願待來世，良緣有分，不豈千年萬載。

噫！我最愛的香菊妹妹，妳意如何，請先賜教，然後決定偕老之件。雖有風雨之隔，豈無成功之方，吾亦有，細說與我父親及母親聞知，殊我母親，愛妳如玉，若得貴女，吾母不知喜何如之，非口筆可表明矣！」

「思想貴女二三秋，欲直對君訴我憂；羞恥在心言不敢，深情此故不能消」；「夢中深夜雨霏霏，醒嘆何無織女機；貴女今也何處臥，欲君偕老胡不歸」。

徐瑞軒為打動陳香菊的芳心，不僅情書、情詩攻勢不斷，甚至還找她的大哥陳漢初、二哥陳闢元幫忙，而他的浪漫才情，與鍥而不捨的追求，也終於擄獲她的芳心，於昭和八年（一九三三年）結為夫妻。

日人侵華　遠赴廣東

夫妻婚後非常恩愛，徐瑞軒從事土地測量工作，昭和十二年（一九三七年）七月七日，日本軍國主義在大陸河北製造「盧溝橋事件」，發動日華戰爭，他不滿日人侵華，一度遠赴大陸廣東工作。

「猶記得先生從大陸返台時，幾年未見的女兒，對爸爸感到非常陌生，讓我感到心疼。」徐陳香菊好不容易等到台灣光復，後來徐瑞軒卻又再度前往廣東從事測量工作，發現大陸國共內戰日熾，佃農在鬥爭地主，此歪風也傳到台灣，始返回台灣。

徐陳香菊說，徐家在日治時期算是地主，那時為收回給佃農耕佃的田地，有些佃農諒解，有些並不配合，甚至出現地主與佃農搶割稻子的場面，她的五伯徐棪超並因此受傷，鬱鬱而終，家道中落；幸三個兒子都很爭氣，後來都考上外交官。

首位女性鄉民代表

「徐陳香菊當選第五屆公館鄉民代表，與擔任助產士的劉黃東洋，同是鄉內第一位女性鄉民代表，我第六屆才當選鄉民代表，徐陳香菊再度連任，與我共事三年，她問政犀利，也當選公館鄉婦女會理事長，非常重視婦女權益，真的是巾幗不讓鬚眉。」

謝春梅從小就認識徐瑞軒、陳香菊夫婦，也知道兩人的愛情故事；陳香菊的姪女陳見妹小陳春菊兩歲，她是謝春梅學醫的恩人，日據時期在台中與日本人小川結婚，謝春梅還與徐瑞軒一起前往台中參加婚宴。

徐陳香菊從日治時期就在石圍墻從事幼教工作，曾當選全台績優幼教老師。徐瑞軒兩度到廣東工作，夫妻聚少離多，卻相敬如賓，晚年徐瑞軒嗜酒如命，幾近酒精中毒，但陳香菊選擇寬諒，隨他所好。

晚年嗜酒如命

「徐瑞軒晚年也是我的病人，有次我到他家看診，他躺在床上，床邊矮桌上放了兩瓶酒，一濃一淡，都插著吸管。徐陳香菊告訴我，老公酒癮發作難耐時，可方便他吸飲。後隔沒幾天，徐瑞軒就過世了。」

石圍墻庄的人都知徐瑞軒晚年嗜酒如命，但他何以喝到幾近中了酒毒？究竟是他多年在廣東工作，因寂寞借酒澆愁成癮？還是他從小就多愁善感，借酒激發寫詩創作的靈感？無人能真正了解。

在石圍墻庄長大水彩畫家張秋台說：「瑞軒叔稱酒是龍涎，即認為酒是飲中極品，看他拿著酒瓶在庄內行走，搖搖晃晃，也習以為常。」

徐瑞軒（一九一〇年—一九七九年）於民國六十八年去世，享年七十歲。徐陳香菊一直珍藏著徐瑞軒寫給她的數十封情書、情詩，並常拿出來重溫，回味當年戀愛的甜蜜。

外孫女照顧晚年

民國八十五年（一九九六年）石墻村召開村民大會，已八十六歲高齡的徐陳香菊對時局敗壞，提出強烈批評，引起筆者好奇，前往專訪，發現她還在重讀《三國演義》，評論國內外大事，真的是位走在時代前端的傑出女性，令人佩服。

之後，她翻箱倒櫃取出一批情詩、情書，娓娓道來她夫妻的戀愛史，因勾起對先生的思念，不禁熱淚盈眶。

徐陳香菊的一對子女比她早逝，她一度獨居。一位外孫女與她感情甚篤，後接她到苗栗一起居住，並照顧她的晚年，直到百歲高齡仙逝。

陳日陞追求張玉彩

已故公館鄉公所秘書陳日陞，昭和十七年（一九四二年）剛出任公館庄役場書記，看上小他三歲的張玉彩，驚為天人，他透過謝春梅姨媽張吳六妹及謝春梅的幫忙，熱烈展開追求，結果有情人終成眷屬，且白頭終老。

陳日陞感念這樁姻緣，鑽石婚慶時，親撰《回憶求婚點點滴滴紀實》，並題「白髮三千絲，絲絲無怨尤；金盟六十年，年年情更深」感言，如今夫妻雖已辭世，但愛情佳話仍在留傳。

佳人倩影　傾慕不已

「昭和十七年（一九四二年）四月二十九日，日本天皇誕生日『天長節』，在公館國小舉行慶祝大會，我奉庄長松林忠太郎之命擔任大會總指揮，大會如儀結束，走下司令台，一群穿白衣、黑裙、白帽、白靴的女青年團員與我擦肩而過。

我停步讓路，一行女子對停步讓路的我，有的注視，有的視若無睹，惟最後一位笑容可掬地向我施禮表示謝意。我回禮驚鴻一瞥，心想有此禮儀教養的姑娘一定是書香之家長大的閨秀，我目送豐姿俊秀的佳人背影，傾慕不已。」

這幕有如唐伯虎點秋香的「三笑姻緣」場景，讓剛從新竹州立市街庄吏員養成所畢業的陳日陞，頓時小鹿亂撞，驚為天人。

經問同事徐澄桂，得知她名叫張玉彩，是五穀岡張永浩的養女，生父是新竹岩田醫院院長岩田遠裕（吳遠裕）。因他在吏員養成所受訓時，常找在醫院擔任助手的兒時玩伴謝春梅，也見過吳遠裕，直覺吳院長說話率直，待人親切。

請張吳六妹穿梭「牽線」

徐澄桂再提示他：「若是一見鍾情，可請庄裡張雲通的太太幫忙，岩田院長是張太太的堂兄[1]。」陳日陞見機不可失，當晚就找張雲通的太太張吳六妹幫忙，因他傾慕張玉彩，請她了解是否待字閨中？若未許配給人家，拜託她「牽線」。

張玉彩的養母吳娣妹，是張吳六妹的堂姐，同出身銅鑼樟樹林，致張玉彩她從小就認識，麗質天生；而陳日陞是石圍墻保正陳捷順的五子，也年輕有為，她想若能玉成婚事，也是美事一樁。當晚除大概告知張玉彩身世，也答應幫他奔走，請他靜待佳音。

祖母迷信送人當養女

「玉彩生母徐茶妹，是吳遠裕元配，會給吳娣妹當養女，是十八年前吳遠裕父親做生日時，大家見徐茶妹抱著的次女非常可愛，人見人愛，卻沒想到徐茶妹的婆婆竟說：『阿茶頭二胎都生女

1　陳日陞撰述、張玉彩修正《回憶求婚點點滴滴紀實》，二〇〇三年，頁8–9。

的，倘次女玉彩不給人收養，第三胎必定又是生女，要生男不知要待何年？令人擔憂。』眾親朋都笑說：『那是迷信，勿信其實。』吳母卻嚴肅的說：『誰說是迷信，寧可信其真，勿可信其無。』因吳母權重威嚴，大家都不敢多說。

稍後，吳娣妹趨前問：『您說玉彩要送人家收養是真的嗎？』吳母說：『不虛言。』此時阿娣姐再輕聲細語說：『您知道我結婚多年未生一男半女，懇請給我收養好嗎？我會視同己出。』吳母未徵求茶妹意見，斬釘截鐵的說：『阿娣妳讓我放心，就送給妳。』」

張吳六妹娓娓說出張玉彩當養女經過，而壽宴結束下午，吳娣妹就依收養禮數將玉彩揹走，可憐徐茶妹因丈夫吳遠裕遠在日本愛知醫科大學留學，未在身邊，只有含淚眼看著愛女被揹走。

吳娣妹也確實履行諾言，視玉彩為親生，但隔年徐茶妹又再生一女，親朋再聚時，均不敢談論吳母過去的無稽斷言[2]。

吳遠裕再娶蟹江愛子

「東渡日本留學的吳遠裕，可能寂寞，結識日籍女子蟹江愛子，並生下一子，帶回台灣。蟹江愛子不知吳遠裕已婚，並生有三女，她同意尊徐茶妹為大姐，共事一夫，但要求名義上要做正室，不作偏房；吳遠裕也對元配感到愧疚。

徐茶妹娘家在頭屋，是地方望族，對吳遠裕納妾行為雖未追究，但要徐茶妹讓出正室，卻認為喧賓奪主，鳩佔鵲巢。徐茶妹只好遵從娘家主意，帶長女玉鳳、三女玉梅回頭屋居住；直到徐家母

2　同註1，頁10。

舅夫婦去世，再帶兩女回西湖劉家居住（因徐茶妹母親嫁到西湖劉家，徐茶妹出生後送給徐府母舅當養女）[3]。」

張吳六妹說，吳遠裕返台後在新竹開設岩田醫院，他與蟹江愛子對徐茶妹深感愧疚，曾勸徐茶妹母女到新竹居住，但遭拒絕；再懇請吳娣妹同意領回張玉彩撫養也遭婉拒，只好退而求其次讓張玉彩多到新竹與父親相會。

憐惜張玉彩身世

聽了張玉彩身世，讓陳日陞對她更加愛慕、憐惜，也同情徐茶妹的坎坷；而張玉彩除有父親，尚有生母、養母、與蟹江愛子的愛，等於有「三個媽媽在愛她」，換個角度來看，也是「三千寵愛於一身」。

隔日，張吳六妹就找堂姐吳娣妹，告知石圍墻保正陳捷順五子心儀張玉彩，希望能玉成良緣。吳娣妹回說，到張家提親者不少，她都以還年輕婉拒，她肯定陳日陞的條件與家世，不過仍要尊重女兒張玉彩。

張吳六妹打鐵趁熱，隔日再到張玉彩服務的亞麻會社找她，轉達陳日陞在公館國小與她巧遇及愛慕之情，但她卻矜持的以婚姻之事由父母作主回覆，讓張吳六妹碰了軟釘子。

3　同註1，頁11。

▲陳日陞（左圖）追求張玉彩（右圖），雙方互贈玉照。與張玉彩合影者是張秀英。

互贈照片　魚雁往還

其實，張玉彩對陳日陞也頗有好感，在陳日陞積極追求與張吳六妹努力牽線下，終於順利將陳日陞提供的半身照送到張玉彩手上。此照中，陳日陞穿著黑色毛質青年裝，非常挺拔俊秀。

她並告訴張玉彩，「妳的生父吳遠裕，陳日陞也認識，醫療助手謝春梅是他好友，而且他的三哥陳漢秋留日時，與妳父親也是好友[4]。」以拉進彼此距離。

皇天不負苦心人，陳日陞的癡情終於打動了張玉彩的芳心，幾天後張玉彩透過張吳六妹也回贈了玉照，是張她與同事的合影。

「我接到相片手在抖擻，不相信是真的，趕緊躲到值夜室閉門欣賞，她優雅的風采，溫婉的笑容，令我充滿溫馨…晚上加班回家，低唱日本流行歌曲『與君永遠在一起』，就寢前靠近油燈

4 同註1，頁15。

詳視日思夜夢的佳人照，不知何時進入夢鄉，醒來玉照還握在手中[5]。」

陳日陞打鐵趁熱，寫了封文情並茂的情書，請在亞麻會社服務，又同在國語講習所擔任講師的羅振萬轉交。從那天起他即苦等心上人回函，但一直無回音，讓他「度日如年」。

直到第六天，羅振萬來找他，卻面無表情，讓他急躁萬分。此時，羅振萬才慢慢掏出一個桃紅色信封，還故意逗他，他在半搶半奪下拿到，端正清秀筆跡寫著「陳日陞樣」，左下角書「張玉彩敬具」。

情書回函　紙短情長

陳日陞趕不及向羅振萬致謝，即直奔庄役場後大樟樹下，啟封隱約可聞到微有香味的信函，「謝謝你的親函，並請阿六姑轉送的英姿颯綽玉照，感謝萬分，我會珍惜永久保管。本來接到尊函擬即敬覆，奈因四、五日前患了重感冒，臥床數日，雖有託友請假，但未克請羅先生轉告你…今日體溫稍退，心身舒服些，即提筆覆信。辭不達意，字體不整，尚祈見諒。

阿六姑是我最尊敬的長者，為你我奔勞，銘感五內，我倆若能交朋友是我最大的光榮，亦是我的真心願望，祝你工作順利並萬事如意。」

陳日陞接到張玉彩的回函，心疼心上人生病，馬上覆信，慰問病情，並坦言「請阿六姑向尊親提親，令母未答應，令我坐立不安，夜不能安寢，如何是好？」她則回：「我還在襁褓就由養母收養，至今尚未報親恩，弟妹也還小，何況父母尚未認識你，『答覆阿六姑多留幾年家』，是真情實

5 同註1，頁16。

言，並非拒絕或敷衍之意。」[6]

甜蜜的邂逅

透過魚雁往還，兩人感情雖然升溫，卻未再謀面，僅能夢裡相思。約半年後，陳日陞有天騎腳踏車到鶴岡派出所出差，洽商召開警民業務聯繫會，經過亞麻會社前，他本能地往內看，突看到一個似曾相識的儷影，定神一看竟然是日夜思慕的戀人，他突然心跳加快，呼吸急促；張玉彩看到他也臉色泛紅。她要到鶴岡國小參加國語講習所講師甄選口試，兩人剛好順路。

陳日陞進庄役場前，曾擔任國語講習所講師三年，兩人邊走邊聊，他除傳授教學經驗，也訴說思念情懷，不知不覺到了鶴岡，分頭辦事。

當他步出鶴岡派出所，所長平野誠夫指著馬路上一位姑娘對他說，她是張永浩的女兒，尚待字閨中，你若能追得到她，將是前生修來的福氣。殊不知，他正在追她。

他迎上前去，她也微笑以對，平野誠夫看在眼裡。她馬上吐露喜訊：「校長要我十月一日上班。」他除恭喜她，也答應十月一日晚她的首堂課，會去聆聽捧場[7]。

擔任庄長夫人通譯

好不容易等到十月一日晚，他卻失約了，原因是庄長松林忠太郎的夫人要連續六天參加婦女班

6　同註1，頁17–18。
7　同註1，頁19–22。

會，拜託他擔任通譯，對日籍庄長夫人來說，這是「戰時體制下的婦女使命」，身為部屬，讓他無法拒絕。幸好幾天後他向她道歉，她不但不怪，反認為這是他份內的事。

兩人的交往，從魚雁往返，變成公開約會，他至少一星期到講習所看她上課一次，兩人相親相愛，學員看在眼裡，也羨慕不已。每次約會送她到她家附近的小橋，兩人也取名為「情人橋」。

蟹江愛子主動關心

陳日陞追求張玉彩，很快傳遍石圍墻、五穀岡，也傳到生父吳遠裕那兒，同在公館庄役場服務的張捷明是張玉彩的堂哥，鼓勵他要加油。吳遠裕的日籍妻子蟹江愛子關心張玉彩戀愛對象，也請謝春梅向陳日陞索取玉照。

「陳日陞長我兩歲，在吏員養成所受訓時，常到岩田醫院找我，我是舅舅吳遠裕的醫療助手，並準備醫師檢定考，舅舅見過陳日陞，但蟹江愛子不認識，託我要了張玉照，她看了非常中意；而陳日陞也拜託我要在吳遠裕夫婦面前多美言。」

謝春梅回憶說，陳日陞、張玉彩他都認識，真的非常登對，負責穿梭的媒人張吳六妹是名水彩畫家張秋台的母親，是他的姨媽，非常熱心幫忙，更是玉成這樁美滿姻緣的靈魂人物。

婉拒庄長夫人作媒

長相俊秀的陳日陞，不僅庄役場有女同事心儀他，讓他不得不婉拒；他幫庄長夫人通譯多晚後，庄長夫人賞識他的口才與人品，竟興起幫他作媒的念頭，對象是位十七歲的呂小姐，也在庄役場服務，秀外慧中，家世也好。他不好告知庄長夫人已有心儀對象，只好以婚姻事要尊重父母主裁婉謝。

沒想到年近六旬的庄長夫人，以在台未曾作過月下老人為由，竟親自登門拜訪他的雙親，呂小姐也同行，讓兩老評選。當呂小姐出去迴避時，陳捷順先讚美：「貌美健康、活潑可愛，是位好姑娘。」再問貴庚？夫人答十七歲。

陳捷順知道兒子喜歡張玉彩，他也中意，乃唸唸有詞的向夫人說：「可惜！可惜啊！十七歲肖虎，日陞二十三歲肖猴，又差六歲，大婚頭，相剋。尤其女虎、男猴，萬萬不可，請夫人諒解。」

庄長夫人敗興告別後，令陳日陞對父親與庄長夫人深感歉疚，只因自己軟懦，不敢跟庄長夫人明說自已有心上人，結果帶來不少人情困擾[8]。

拜見吳遠裕夫婦

熱心的「阿六姑」張吳六妹，見兩人交往已九個多月，媒人仍未做成，昭和十八年（一九四三年）農曆大年初二，專程到新竹拜會堂哥吳遠裕、蟹江愛子夫婦，告知兩人戀情，希望夫婦抽空拜會張永浩、吳娣妹夫婦，早日玉成婚事。

吳遠裕夫婦都中意陳日陞，答應擇日就去拜會。陳日陞感謝阿六姑之餘，也決定拜會吳遠裕夫婦，並邀張玉彩同行，她卻笑他：「我父親、阿姨要會的是你，不是我，膽子嚇破了嗎？⋯父親已認識你，阿姨是很溫馨的人，我想一定會欣賞你。」

在張玉彩鼓勵下，陳日陞拜會了吳遠裕夫婦，對他印象極佳，蟹江愛子還祝福說：「你和玉彩在天長節大會相識，好兆頭，天皇陛下為你倆牽的紅線，是天賜良緣，好好珍惜[9]。」

8　同註1，頁22–23。
9　同註1，頁24–27。

「玉彩新竹父親前天至五穀岡拜訪她的養父母，經詳談後，一致贊成你們的婚事。她養母通知我明天至她家，洽商文定日期及細則。」民間習俗農曆正月沒人提親，結果農曆二月上旬，張吳六妹就傳來好消息，讓陳日陞雀躍不已。

隔天張吳六妹前往張宅，吳娣妹告訴她，女兒與陳日陞交往，她都瞭如指掌，日陞對玉彩一往情深，連庄長夫人作媒都婉拒，庄役場助役劉賡鳳也一再誇獎他，她也看在眼裡。後經雙方家長商議，農曆三月二十六日文定，八月二十日結婚。

思母辛酸　淚濕滿枕

陳日陞在文定六日後，晉見張玉彩的生母徐茶妹及姐姐玉鳳、妹妹玉梅，徐茶妹告訴他：「玉彩牙牙學語時，即由她祖母主意給阿娣姐收養長大，我未親手養育她，是我一生最大虧欠與遺憾。…幸得她的養父母，視她如親生，照顧得無微不至…我篤信你倆一定會相親相愛，建立一個美好家庭。」

他見準岳母語中難掩遺憾悲傷之情，兩眼隱露淚光，令他感觸良深，但又不知如何安慰她？回程他不留意說溜了這段談話，張玉彩不禁淚流滿面：「我常常深夜思念生母，為何婚姻遭受無情打擊，生父、生母、姐妹各住異鄉，而淚濕滿枕。」

美麗新娘如仙女下凡

昭和十八年（一九四三年）九月十九日（農曆八月二十日），陳日陞終於抱得美人歸，離兩人在天長節相識已一年半。蟹江愛子一早趕到五穀岡，親自為張玉彩美妝，並致贈豐厚的于歸紅儀，數額超過陳家的聘金，充分表達視她為親生女兒般的誠意。

「她穿著雪白色絲質婚紗禮服，手捧美麗鮮花，在新竹阿姨悉心美妝下，實在美麗動人，拍攝結婚紀念照時，親朋與庄內鄰居都爭睹新娘豐采，讚譽如仙女下凡，我也感覺榮幸之至。」

晚上的婚宴，由公館名醫江嶸基擔任介紹人，他風趣幽默，來賓掌聲、笑聲不斷；松林庄長也祝福新人要互敬、互信、互助、互諒，創造美滿幸福[10]。

張吳六妹長女張秀蘭（一九三二年生）是這樁姻緣的見證人，「當年陳日陞為了追張玉彩，幾乎每天來纏我媽，我媽在踩芥菜、切蘿蔔，忙得不可開交，但他總是耐心地問我媽，以了解張玉彩近況，一待就是一個多小時，看到我媽，就像看到張玉彩；沒看到我媽，就失魂落魄。」

▲陳日陞與張玉彩結婚，與父母、家人合影。

10 同註1，頁28–47。

▲張玉彩（前排左五）日治時期擔任幼稚園老師，與學童們合影。

▲張玉彩（右）與姐妹吳玉鳳、吳玉梅合影。

她欣見有情人終成眷屬，母親奔走一年餘，玉成這樁姻緣，也高興不已。結婚當天新娘美麗動人，真的驚動全庄。

童養媳陳細菊出家

張秀蘭說，陳捷順本抱有童養媳陳細菊，要給陳日陞「送做堆」，長得也很漂亮、秀氣，捷順伯也很疼愛，不知是「日陞哥」不中

▲陳細菊（左圖）是陳捷順抱來的童養媳，她選擇出家弘法，在南投竹山德山寺擔任住持（右圖前排右二），陳日陞、張玉彩夫婦率子孫前往探望。

意，或是她本就有出家的念頭，後來出家了，但跟陳家仍有來往。

「母親雖玉成陳日陞與張玉彩的婚事，但心頭卻一直掛念是否因此傷到陳細菊的心？她選擇出家，是一心向佛，還是覺得陳日陞心裡沒有她？致我民國四十八年（一九五九年）在嘉義當兵時，曾到高雄大岡山佛教聖地找她，想了解真相，但不知她的法號，沒有找著。」

張秋台幫母親解惑

張秋台為幫母親張吳六妹解惑，那年失望而返，直到民國七〇年代初，他擔任泰安鄉八卦國小校長，有天他「遶山花」（爬山賞景）到錦水村半天寮，在棟環境幽雅潔淨的竹屋前，看到一位身材纖瘦，穿大衿衫、梳著髻鬃、妝扮樸素、氣質高雅的老婦，笑臉問他「先生從那裡來？」

「我是八卦國小校長張秋台，家住公館石圍墻。」張秋台驚訝偏遠山區竟有如此素雅婆婆。

「那捷順伯您認識嗎？」

「認識啊！捷順伯是石圍墻大家敬重的士紳。您怎認識捷順伯？」

「我的女兒給他做『心臼』（媳婦）啊！」

「係陳細菊，給捷順伯做『小心臼』那位嗎？」張秋台心頭一震，她竟是陳細菊的母親，真是「踏盡鐵鞋無覓處，得來全不費工夫」。

「是啊！就是陳細菊。」

「後來捷順伯的兒子討（娶）張玉彩，還是我母親做的媒，結果陳細菊出家，我母親一直很愧疚呢？」

「請放心，她本來就有『齋骨』（意指一心向佛），沒做成陳家的『心臼』，不會怨任何人。」

不管這位老婦的談話是真心還是客套，那天張秋台的心情特別愉悅，回去告訴老母，張吳六妹懸在心中多年的「石頭」總算掉了下來。多年後，他重返這棟竹屋，想看這位老婦，已是荒煙蔓草，她也「成仙」了。

張秋台說，聽說捷順伯很喜歡陳細菊，她腦筋好，做事有條不紊，算盤也好，捷順伯的財務都是她在管理，是家中財務大臣。

彌留前只接受姪兒餵食

陳日陞的次子陳少君說，祖父母的確抱有養女陳細菊（一九二三年—二〇一五年），小他父親三歲。「細菊姑」本來要給他父親「送做堆」，但她十餘歲就出家，在南投竹山德山寺擔任住持，法號慧文，父母以前也常去看她，前兩年過世，享年九十三歲。

「細菊姑去世前二個月已不再進食，寺內比丘尼餵她也不吃，但我去探望她時，她卻接受我的餵食，可能是疼惜我大老遠開車來看她，不忍心拒絕，比丘尼目睹此景也很感動。」

陳細菊是德山寺開山住持，她晚年時，陳少君常代表父母去探望他，姑姪情深。

陳日陞娶得美嬌娘後，張玉彩辭掉教職，全心相夫教子，生有燕君、少君二子，以及晶瑩、雪瑩、映瑩、紅瑩四女，夫妻恩愛，家庭幸福美滿；而陳日陞也從庄役場一直做到退休，長達四十五年，歷任九位庄（鄉）長，其中二十六年擔任鄉公所秘書。

陳日陞夫婦的子女遺傳了父母優秀的顏值，學生時代也是被追求的對象。陳少君念淡江大學時，有電影星探看上他，請他擔任文藝片小生，但他沒有答應，後成立建築公司，闖出一番事業。

過年回三個外婆家

「我有三個外婆，母親生母徐茶妹住西湖，養母吳娣妹住五穀岡，加上台灣光復後蟹江愛子率子女回日本，外公吳遠裕回鄉到三義行醫，再娶第三任妻子彭秀英，故每年過年回娘家要跑三個地方。」

陳少君在父母恩愛的環境中長大，過年的重頭戲是回娘家，年初二先去西湖劉屋外婆家，住在苗栗的三姨丈何衡澄開貨運行，會開卡車到石圍墻，大家再搬上籐椅上車，大姨媽嫁到通霄黃屋，也會到西湖會合，相當熱鬧。

年初三母親再帶他們回五穀岡養母家，吃過中飯外婆給他們壓歲錢後，他與哥哥坐車到南苗轉車，再到三義外公吳遠裕家。外公娶了三房太太，分是徐茶妹、蟹江愛子與彭秀英，彭秀英是前三義首富彭李榮的女兒，也算是他的外婆。外公過世後，她曾跟他說，以後可以不必再回娘家了，但他與哥哥仍舊每年都去。

台灣光復後，蟹江愛子回日本，因有歷史傷痕，後未再回台灣；她所生的四名子女曾回台灣，也見過他的母親。

金盟六十年　年年情更深

民國九十二年（二〇〇三年）陳日陞、張玉彩夫婦結婚六十週年，除接受縣府讚石婚慶表揚，子孫們也設宴邀請親朋好友慶祝，在來賓的起哄下，陳日陞親吻張玉彩，彷彿時光倒流，不勝嬌羞，又回到當年相戀的浪漫時光。

陳日陞也親撰兩萬餘字的《回憶求婚點點滴滴紀實》，以紀念六十年來堅貞不移的愛情，並送給謝春梅及媒人張吳六妹的兒子張秋台等人，分享他倆的愛情故事。

▲陳日陞、張玉彩夫婦的結婚照（左圖）；鑽石婚慶夫妻同台（右圖），白頭偕老，恩愛一生。

陳日陞於民國九十八年（二〇〇九年）七月八日去世，享壽九十歲；張玉彩於隔年（二〇一〇年）辭世，享壽八十八歲，夫妻可說是白頭偕老，相愛一生。

▲陳日陞、張玉彩夫婦與次子陳少君夫婦及孫子合影。

日治時期的地方醫療

謝春梅的祖母謝乙妹生前為胃疾所苦，卻無錢看病，到病入膏肓，找醫師已視同在開「死亡證明」。西方醫學早在日人據台前三十年，宣教士就帶來台灣，但現代化醫學教育，卻是一八九九年後藤新平請山口秀高創辦總督府醫學校（醫學專門學校）才開始；到西醫漸普及苗栗鄉下，已是日治中、後期，也讓他有機會跟著名醫學醫。

後藤開辦台灣醫學教育

「乙未年（一八九五年）日人據台，因瘴癘、傳染病猖獗，日軍病死的相當多，連率兵來台的近衛師團團長北白川宮能久親王（明治天皇叔叔）都死於瘧疾，擔任台灣總督府衛生顧問的後藤新平，認為治台首務是改善台灣的衛生與醫療環境，一八九九年三月創辦總督府醫學校，開啟台灣現代化醫學教育。」

謝春梅認為後藤新平（一八五七年—一九二九年）是台灣醫療現代化的推手，公館、苗栗、銅鑼最早的西醫如劉德欽（已故立法院長劉闊才的父親、在苗栗街開設惠東醫院）、周朝棟、彭天桂、徐阿煌（東海醫院創辦人）、邱雲賜，都是總督府醫學校畢業；後來再開業的江嶸基、劉肇芳則是總督府醫學專門學校畢業。

明治二十九年（一八九六年）四月，後藤新平跟隨首相伊藤博文、海軍大臣西鄉來台，勘察台灣衛生狀況，後藤建議應以普及全台衛生設施為殖民地開發之首要任務，唯有先控制傳染病，才能達到統治台灣的目的。

日軍病死是戰死的四十倍

留德獲醫學博士的後藤新平作此建議，是鑑於乙未六月來台到年底，台灣人民死亡一萬四千多人；來台接收的部隊與軍夫共七萬六千多人，陣亡一百六十四人，負傷五百一十五人，病亡四千六百四十二人，送回日本就醫二萬一千七百四十八人人，留在台灣病院五千二百四十六人，從資料顯示，病死是戰死的四十倍。北白川宮也於十月二十八日突逝於台南，官方宣布死因是「罹瘧」。

為控制台灣疫情，一八九五年六月日軍甫進台北城，就在大稻埕設立大日本台灣病院（今台大醫院前身），由濱野昇出任院長，並自日本派遣醫護人員來台診療。

面對台灣惡劣的衛生環境和疫病肆虐，日本政府曾萌生退出統治台灣念頭，國會有意以一億日圓將台灣賣給法國，然最後為實現其「南進政策」，還是決定保留這塊殖民地[1]。

但台灣仍被日人視為「鬼介之島」，無疑是說「台灣疫病流行的可怕」。隔年（一八九六年）台灣總督府以律令第八號公布「台灣傳染病預防規則」，將霍亂、鼠疫（黑死病）、痢疾（赤

1　陳永興《台灣醫療發展史》，台北月旦，一九九七年，頁65–66。莊永明《台灣醫療史——以台大醫院為主軸》，台北遠流，一九九八年，頁67–68。

痢）、天花（痘瘡）、斑疹傷寒、傷寒、白喉、猩紅熱等八種疾病訂為法定傳染病，全面加強防疫，並指定基隆、淡水、安平、高雄四處為檢疫港口[2]。

後藤新平治台評價兩極

明治三十一年（一八九八年）日本首相伊藤博文任命兒玉源太郎（一八五二年—一九〇六年）為台灣第四任總督，並派後藤新平出任總督府民政長官，成為兒玉最得力的助手，而後藤治台也採「鞭與飴政策」，除以武力鎮壓島內的抗日份子，也以生物學原理，積極改善台灣衛生、醫療環境。

此舉致後藤在台八年，評價兩極，有人認為他是台灣現代化的奠基者；亦有人認為他瞧不起台灣人，說「台灣人愛錢、怕死、愛面子」，可以威脅利誘，也殺死不少抗日份子。

醫學校成培養醫師搖籃

兒玉源太郎在總督任內身兼陸軍大臣，並領兵參與日俄戰爭，致治台重任幾都授權後藤新平，而後藤也積極發揮，他從蘇格蘭請來工程師巴爾頓，為台北城挖掘下水道；明治三十二年（一八九九年）三月，他派山口秀高成立總督府醫學校，開啟台灣正規醫學教育。明治三十八年（一九〇五年）再設立日本赤十字會台灣支部醫院，提供學生實習場所。

醫學校學生入學享有公費優待，成為台灣子弟最佳求學場所，隨著畢業生增加，行醫優異表現

2 莊永明《台灣醫療史——以台大醫院為主軸》，台北遠流，一九九八年，頁103–105。

受到民眾的尊敬，致學子也以進入醫學校為榮，該校也成為培養醫師的搖籃。隨著習醫人數的增加，欲進入醫學校已非易事。

總督府醫學校成立二十年後，於大正八年（一九一九年）改制為總督府醫學專門學校，增加修業年限；到昭和十年（一九三五年）併入台北帝國大學醫學部，而這所台灣醫學學府，到一九四五年日本退出台灣，總共培育了一千八百八十八名台灣人醫師，其中繼續深造獲得博士學位者有二百一十二人。

宣教士開啟現代化醫療

其實，早在日人據台前三十年，西方宣教士就來台開啟現代化醫療，只是沒像日本殖民政府建立醫學教育制度，積極培養人才。

清同治五年（一八六五年），英國長老教會派醫師馬雅各與牧師杜嘉德共八人來台宣教行醫，先後在台南、旗津設立醫館。馬雅各來台第二年，英國海關派萬巴德・曼森到打狗（高雄）行醫，他關注台灣瘧疾、癩病、痲瘋等疾病及病媒蚊傳染研究，被譽為「熱帶醫學之父」。

同治十年（一八七一年）加拿大籍牧師馬偕來台宣教，他不是醫師，卻具醫療知識，常替貧民治病，後在淡水設馬偕醫館，聘林格醫師（Dr. Ringer）協助醫療，對瘧疾等傳染病的防治貢獻良多。馬偕博士見台灣人受齟齒痛所苦，也研製拔齒器，幫病患拔牙，他娶台灣女子張聰明為妻，還設立神學院、建牛津學堂，一生為台灣醫療、宗教、教育鞠躬盡瘁。

西醫、宣教士帶來科學醫療醫術，但面對漢醫獨霸，中西醫也曾發生衝突，幸獲得台灣巡撫劉銘傳支持。馬雅各於一八七一年返英，次子馬雅各二世於一九〇一年再來台行醫傳道，並在台南主持新樓醫院。

出身蘇格蘭的醫師蘭大衛，一八九五年來台灣中部宣教行醫，在台近四十年培養了不少門徒。蘭大衛在台行醫時已是日治時期，受這些醫師、傳教士影響，致不少學醫者後也成基督教徒[3]。

留日學醫漸成風氣

一九一〇年留學之風興起，學醫佔留日學生五分之二，推斷總督府醫學校錄取率低，反之日本醫學校較易考，致富家子弟大多被送往日本習醫[4]。

「台灣總督府醫學校越來越難考，而日人治台並不鼓勵台灣人念法政，致到日本學醫者相當多，但骨子裡反日者仍有不少是醫學校的學生，如蔣渭水、賴和，他們跟徐阿煌、劉德欽、周朝棟、陳漢初都是前後期同學。」

謝春梅說，台灣總督府醫學校畢業的醫師，根本不夠社會需求，致留日學醫漸成風氣，甚至有少數人還到日人控制的偽滿洲國（東北）學醫，當時較熱門的學校有東京醫專、岩手醫專。繼周朝棟、江嶸基之後在公館開業的醫師傅家霖、楊日恩，以及在苗栗開設永生醫院的劉阿樓，都畢業於東京醫專。

傅家霖（一九〇七年—一九八八年）畢業於總督府國語學校，教了九年書後，再赴日念東京醫專，畢業後在東京芝再生會醫院服務，昭和十六年（一九四一年）回公館家鄉開設萬春醫院，但行醫不到兩年被徵調到南洋，直到台灣光復第二年再返鄉繼續行醫。

---

3 陳永興《台灣醫界人物誌》，台北望春風文化，二〇〇四年，頁15–39。

4 陳永興《台灣醫療發展史》，台北月旦，一九九七年，頁71–72。

楊日松也留日學醫

楊日恩也畢業於東京醫專，他的父親楊新木日治時期教書，後升任校長，退休後擔任福基保正，育有五子，楊日恩是長子，他與四弟楊日煥、五弟楊日松都留日學醫，楊日恩回鄉在公館開設懷生醫院，專長是婦科。

楊日松（一九二七年—二〇一一年）後擔任法醫，成為國內法醫權威，破獲不少奇案，被譽為「台灣福爾摩斯」、「法醫神探」。楊氏兄弟都出身公館福基，與謝春梅住的石圍墻是隔壁庄。

在苗栗開設致和醫院的羅春桂（一九〇八年—一九八〇年），娶「黃滿頭家」黃南球的屘女黃小蘭為妻，他本是苑裡國小教員，兩人相戀結婚，婚後在黃小蘭鼓勵下到日本昭和大學學醫。畢業後到東北大連博愛醫院行醫，在國共內戰東北淪陷前才返台，繼續行醫。

岩手醫專畢業醫師也不少

「岩手醫專亦是日治時期留日學醫的熱門學校，我跟隨學醫的劉家樑醫師，他的堂兄弟劉阿檀、劉家宏，已故苗栗縣議會議長陳國樑、周朝棟的兒子周廷堯，以及後來在公館開業的羅雲萬都是岩手醫專畢業的。」

謝春梅擔任醫療助手時，亦有人鼓勵他報考岩手醫專，但他沒去，劉阿樓、劉阿檀、劉家宏、劉家樑，都是西湖鄉四湖村石頭灣劉恩寬（來台祖）的後裔，劉家子孫學醫的相當多，是苗栗縣醫師世家。劉阿檀、劉家宏兄弟後來移民日本行醫，後裔在台灣、日本行醫的相當多。

祖母無錢看病去世

「小時候公館、銅鑼的西醫師只有周朝棟、彭天桂，中醫公館有湯仕路的飲和藥房，另劉漢榮、黃鼎興、劉阿添亦是中醫，致那時看病找中西醫都有，因台灣傳染病多，尤其肺結核、痢疾、傷寒、白喉等，致醫師都非常忙碌。但多數家庭貧困，常非到萬不得已，才會看醫師。」

謝春梅的祖母謝乙妹一直為胃疾所苦，那時物質缺乏，吃得不好，胃腸不好的病患特別多，小時候他跟祖母同床而眠，常聽祖母胃痛到呻吟，卻因沒錢一直沒有看醫師，到後來病得非常嚴重時才找醫師，已是病入膏肓，結果五十九歲就過世。祖母的去世，讓他深感醫療的重要，也是他學醫的動力。

謝春梅說，日治中、後期，隨著台灣本土培養與留日歸來醫師的增加，開業醫師漸漸增多，加上台灣衛生環境的改善，以及防疫的加強，霍亂、天花、傷寒、痢疾等傳染病都獲得控制，醫療環境也明顯提升。

同仁堂是苗栗最大醫院

「日治時期苗栗地區最大的醫院是『同仁堂醫院』，是日本人氏家直記所開設，父子兩代經營，在現西勢美伯公附近，周廷鑫、羅雲萬都曾在此服務過。除本院外，在出礦坑、錦水、社寮岡還有分診所。再來是邱雲賜的『苗栗醫院』，邱雲賜是劉闊才姐夫，負責內科；邱雲賜堂弟邱雲鵠，是劉定國的姐夫，負責外科。另外劉阿樓開設『苗栗外科醫院』、徐阿煌則開設『東海醫院』。」

日治後期，苗栗、公館、銅鑼一帶已有十餘家西醫院，醫師群除了總督府醫學校及留學日本醫科畢業返台者外，經乙種醫師檢定合格執業的亦有，如周廷鑫、林禮成、林阿松、林喜蘭。

一九四五年日本戰敗投降，邱雲興、鍾建英先後擔任苗栗鎮長，曾將同仁堂改為鎮立醫院，還請周朝棟幫忙，但沒幾年就經營不下去，遺址現已是斷垣殘壁。

二次大戰　醫師罹難

一九四五年二次世界大戰結束前，台灣頻遭美軍空襲，不少醫師也被日本殖民政府徵調到南洋或海南島當軍醫，有人幸運戰後返回台灣，有人則不幸在戰火中罹難。與謝春梅一起參加乙種醫師檢定及格的公館同鄉江森仁、徐傳雲就不幸遭美軍轟炸犧牲，令人不勝唏噓。

「昭和十九年（一九四四年）十月六日，我合格通過乙種醫師試驗，但醫師執照卻被日本殖民政府扣下來，準備隨時徵調當軍醫用。不過，隨著日軍在南太平洋失勢，坐困愁城，日本船艦幾已無法進出台灣，致我也幸運沒被徵調。」

謝春梅的堂弟謝冬嶽在陸軍醫院服務，獲得不少軍情資料，發現日本皇軍已節節敗退，盟軍展開「跳島戰略」，跳過台灣，攻擊沖繩，並準備空襲日本本島，但台灣仍常遭美軍選擇性轟炸。

到馬偕醫院受訓

昭和十九年（一九四四年）十一月，謝春梅到台大醫院接受醫療訓練，台灣總督府並強制徵用馬偕醫院為博愛會本部醫院，剛考取的醫師都在那兒接受約五個月的訓練，再派到各博愛會戰時診療所。

「住在公館鶴岡的徐傳雲，在苗栗同仁堂跟日籍醫師氏家直記學醫，大我十歲，跟我同時通過乙種醫師檢定及格，受訓期間與我住同間宿舍，且是隔壁床。我們在馬偕醫院上課，宿舍在中華民國駐台北領事館對面，離馬偕醫院約有一公里，靠近現圓山大飯店。」

日本與中華民國是敵對交戰國，致駐台北領事館也沒什麼運作。昭和二十年（一九四五年）三月九日下午二時，盟軍飛機誤以為台北松山肺結核療養所是陸軍倉庫，展開轟炸，有三名看護被炸死，但盟軍也有架飛機被擊落，且是空中解體。謝春梅第三天到肺結校療養所實習，始知美軍飛機遭松山高射砲擊落。

盟軍轟炸躲過一劫

「盟軍為了報復，三月十六日下午二時再轟炸台北，空襲警報從高雄一路北上傳到台北，我當時在熱帶內科研究室，正用顯微鏡看瘧疾的惡性原蟲，教授還拿著望遠鏡看飛機動向。突然『轟！轟！』接連幾聲巨響，炸彈接連落下，有的落在中華民國台北領事館附近，有的落在馬偕醫院泌尿科附近。」

謝春梅見狀，與十幾位受訓同仁及教授躲到後面的簡易防空壕，再接連聽到「轟！轟！」巨響。待轟炸機走後，現場十餘人沒人死亡，只有躲在防空壕最外側的廖榮祺（曾連任四屆省議員、在台中開設長生醫院）屁股受了傷，後發現整個馬偕醫院連警衛在內死了一百七十餘人。

謝春梅在馬偕受訓，一旦空襲，原被安排到泌尿科旁邊的防空壕避難，結果當天這處防空壕死了二十三人，包括他兩位同期生。當天謝春梅因臨時想到熱帶內科看瘧疾的惡性原蟲，結果沒到泌尿科旁的防空壕避難，躲過一劫。院長、泌尿科主任本來也安排躲這處防空壕，因兩人沒有下來，也保住性命。

「我們住的宿舍有三位煮飯的歐巴桑被炸死，實習醫師都悲慟不已。以前盟軍轟炸有選擇性，但這次為了報復是亂炸，連醫院也炸，而且炸了又再回來。除了我命大，另外一位同學黃萬成差點進不了防空壕，在炸彈掉落前三十秒進入，也保住了一命。」

盟軍三一六大轟炸後，謝春梅還目睹台灣總督安藤利吉在參謀長陪同下，到災區現場查看，並指揮處理善後。

謝春梅想起七十四年前的這場轟炸仍心有餘悸，上午有說有笑的泌尿科醫師、護士，下午變成一具具殘缺的屍體，這就是戰爭的殘酷，晚上他和徐傳雲共同抬屍體，悲慟萬分。

三〇九、三一六大轟炸後，他與徐傳雲只要聽到空襲警報，就快跑躲到台北神社（現圓山大飯店）後方大樹下看飛機轟炸，另位李姓實習醫師空襲時則側身躲在水溝內。一般盟軍飛機轟炸台北，飛經新竹時警報聲就會響起。

擔任戰時診療所主任

昭和二十年（一九四五年）五月，台灣總督府博愛會派謝春梅為「福基戰時診療所」主任，也兼公館瘧疾防治所主任，地點位於現福基派出所上兩間。福基戰時診療所主任第一任是劉阿檀，西湖人，是劉家樑的堂哥，日本岩手醫專畢業。

「福基戰時診療所行醫的範圍，主要是公館上福基五村，其他地方有病患也去。那時日本已顯露敗象，美軍空襲不斷，但百姓除了躲空襲，其他的感覺變動並不大，而所謂的『皇民化運動』，也只是少數『國語家庭』在配合，不過米、豬肉都開始配給。」

謝春梅身為戰時醫師，常邊躲空襲，邊下鄉行醫，有時涉水過後龍溪，剛好盟軍飛機臨空，他只有找大石頭躲避。福基戰時診療所的招牌，他也請當地漢學家江連漢書寫，非常克難。江連漢的兒子江順平是戰後苗栗縣傑出企業家。

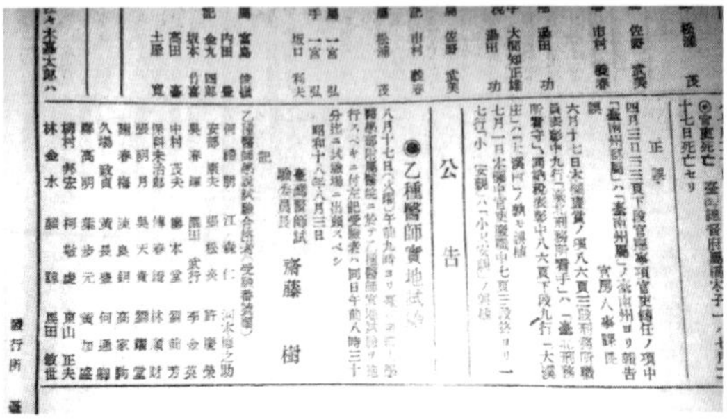
公告
乙種醫師實地試驗

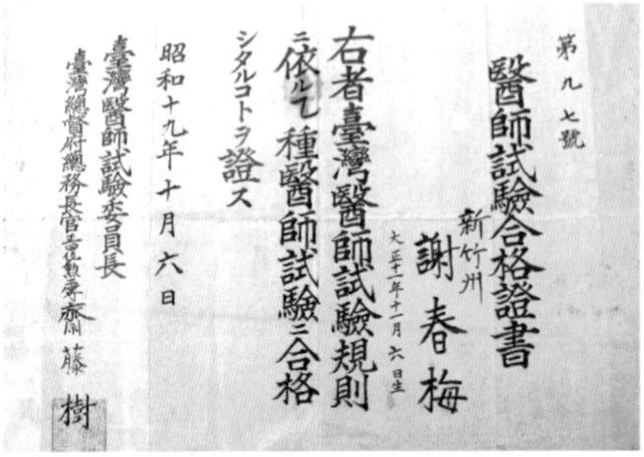
第九七號
醫師試驗合格證書
新竹州
謝春梅
大正二年十一月六日生
右者臺灣醫師試驗規則ニ依リ乙種醫師試驗ニ合格シタルコトヲ證ス
昭和十九年十月六日
臺灣醫師試驗委員長
臺灣總督府總務長官齋藤樹

▲昭和十八年（一九四三年）謝春梅通過乙種醫師實地試試筆試，報紙公告錄取名單（左圖）；昭和十九年（一九四四年）通過取得醫師試驗合格證書（右圖）。

他出任福基戰時診療所主任前一個多月，在銅鑼家鄉行醫的彭天桂（一八八三年—一九四五年），於三月二十九日下午，在自家醫院後方防空洞，不幸遭盟軍飛機炸死。

彭天桂一家五口罹難

據陳元東在《銅鑼鄉誌》人物誌撰，彭天桂罹難當天上午乘轎到銅鑼樟樹村吳家出診，診畢已近中午，吳家宰一隻雞欲留他用餐，但他堅持不受招待，乘轎返回醫院。剛抵家防空警報就響起，他與家人倉皇躲入屋後防空洞，但盟軍偵察機投下六枚炸彈，其中一枚正中防空洞後側，造成彭天桂一家五人罹難，包括他的長子彭新奇、五男彭新德、么女等人[1]。

謝春梅說，彭天桂遭盟軍空襲罹難不久，他接下福基戰時診療所主任，日本政府衛生官員還到他石圍墻的家中，要他到彭天桂的醫院買回未炸掉的藥，並按公定價格購買，以備戰時之需。彭天桂的家屬一度拒給，但戰後其子也來跟他拿藥。

1　黃鼎松主編《銅鑼鄉誌》，銅鑼鄉公所，一九九八年，頁 617–618。

江森仁不幸死於西貢外海

「日本帝國主義在二戰末期，頻頻徵調台灣醫師到南洋各國戰區、海南島當軍醫，我的舅舅吳遠球、江嶸基的姪子江森仁、跟江嶸基學醫的劉俊亮，以及日本九州九留米醫科大學畢業的陳德煥，在二戰都被徵調，吳遠球、劉俊亮、陳德煥二戰後返台，在公館家鄉及桃園新屋開業，江森仁則因所搭乘的軍艦，在越南西貢外海遭美軍魚雷擊中沉沒，淹死在海上。」

江森仁跟叔叔江嶸基學醫，昭和十八年（一九四三年）跟謝春梅同時通過乙種醫師學科試驗，但實地試驗考試中，謝春梅婦產科未過，他則順利通過，當年就取得醫師執照，沒想到派到西貢當軍醫慘遭不幸。江森仁是江新基之子，戀愛的女子他也認識，令人惋惜。

江森仁與陳德煥（銅鑼中平人）同時期被派到越南西貢當軍醫，有天兩人在離西貢外海約一公里的軍艦上，遭美軍魚雷擊中，船隻大量進水，在沉沒前，陳德煥與江森仁雖從軍艦中逃出，但江森仁不諳水性，不幸喪生；陳德煥則較幸運，保住性命，後在桃園新屋行醫。陳德煥的哥哥陳德水教書，也曾任國小校長。

劉俊亮年紀很大才跟江嶸基學醫，考取海南島限定開業醫執照，派到海南島，二戰回來後因有執照，也在公館開業行醫。

徐傳雲命喪「五三一」空襲

「三一六盟軍空襲台北，已讓台北最美的「敕使大道」（現中山北路）[2]滿目瘡夷，馬偕醫院、中華民國駐台北領事館都在「敕使大道」上；而五月三十一日的『台北大空襲』，災情更是慘重，有三千多人死亡，上萬人受傷，不僅代表日本殖民統治台灣象徵的總督府遭命中，總督府防空洞也死了近七百人。」

跟謝春梅一起考上乙種醫師的公館同鄉徐傳雲，躲過三〇九、三一六大轟炸，但這次卻沒那麼幸運，在總督府等待調派也不幸罹難。徐傳雲雖躲進了防空洞，但防空洞的洞口遭大量炸彈炸毀，跟他一起躲在防空洞內的近七百人全都悶死，驗屍時連屍體都變形了，難以辨認。

謝春梅回憶說，徐傳雲的弟弟在石油會社服務，認屍時請他協助，因參加醫師訓練的準醫師都有掛血型識別證，他知道徐傳雲跟他一樣血型是B型，才認出屍體。以前兩人在馬偕醫院受訓時，聽到空襲警報，常不躲防空壕，而跑到台北神社後面。結訓後，他先派林口，再回家鄉福基；徐傳雲較慢分發，沒想到這次躲不過，令他非常難過。

台北大轟炸災情慘重

莊永明根據台大醫院史料記錄了「台北大轟炸」：

2 「敕使街道」是一九二三年為歡迎日本皇太子裕仁（後來的昭和天皇）等日本皇族至台灣神社參拜所走的道路，從總督府至台灣神社（今圓山大飯店），寬四十公尺，中間綠島植樟樹，人行道種楓樹，非常美麗壯觀。

一九四五年五月三十一日，美軍 B–24 機群再度大舉轟炸台北市「城內」，似要欲焚此城，因為「城內」是台灣行政中心，台灣總督府、台灣軍司令部的所在地，摧毀「城內」，可以斬斷台灣的指揮系統。

台北市「城內」遭受美軍飛機轟炸，「六條大街道區域付之一炬」，造成台北市民傷亡慘重。府立圖書館、台灣電力株式會社、鐵道飯店等建築全毀，台灣總督府、遞信部、台北醫院遭受嚴重毀壞。

醫學院儲水池及防空壕被大型炸彈直接命中，田代歡一教授及一位女助手不幸罹難。台北市「都市機能」因為這次近似毀滅性的轟炸，喪失了三分之一；台北醫院受到破壞，無法繼續運作，而醫學部教學更是處於停頓狀態[3]。

3 莊永明《台灣醫療史——以台大醫院為主軸》，台北遠流出版社，一九九八，頁 337–338。

吳遠裕的醫政傳奇

謝春梅十九歲跟隨舅舅吳遠裕學醫，他欣賞吳遠裕的學養、處事、豪邁與人脈。吳遠裕一生娶了三任太太，第一任太太是媒妁之言的徐茶妹，生有三女，命運坎坷；第二任蟹江愛子是他從日本帶回台灣，生了三子一女，台灣光復初期因遭接收官員恐嚇威脅，乾脆率子女返回日本，未再返台；第三任太太是日治時期三義首富彭李榮之女彭秀英，兩人生有三子。

留學日本學醫的吳遠裕，先後在新竹開設岩田醫院、三義吳醫院，也熱衷參政，先後當選新竹市協議會會員、苗栗縣議會議員，後不幸在三義鄉長任內去世，他奮鬥一生，也充滿傳奇。

吳遠裕與官方關係佳

「吳遠裕（一九〇〇年—一九七二年）出身銅鑼樟樹林，是吳元義、吳謝秀妹的三男，我母親謝吳新妹的堂兄，小時候知道他到日本名古屋愛知醫科大學學醫，人長得高大瀟灑，但真正跟他近距離接觸、學習，是昭和十六年（一九四一年）另位堂舅吳遠球被徵調到海南島當醫護人員，因醫院缺乏助手，透過母親急著要我過去幫忙。」

▲謝春梅與岩田醫院護士們合影（左圖）。張玉彩（右圖左）是吳遠裕次女，與同事合影，後嫁給陳日陞。

謝春梅到舅舅開設的醫院當助手時，發現吳遠裕已接受「皇民化」，改名岩田遠裕，醫院也取名岩田醫院，與日籍太太蟹江愛子住在一起。

昭和三年（一九二八年）吳遠裕獲愛知醫科大學醫學士學位，並考取內務省醫師資格證，隔年回台，任台灣總督府保健技手，派到台南刑務所服務。昭和五年（一九三〇年）升任保健技師，昭和六年（一九三一年）辭職，在新竹市東門街開設岩田醫院，並當選新竹市第二屆協議會會員。

岩田醫院地點是現在的華南銀行，離新竹州政府、新竹地方法院很近，吳遠裕醫政兩棲，跟政府關係相當好，也成為這兩個公家單位的「囑託」醫院，連徵兵體檢、刑案驗屍、特種行業女服務生性病檢查，都委託岩田醫院處理。

因吳遠裕外務應酬很多，很多重要工作都授權謝春梅處理，致他也如魚得水，

▲吳遠裕（上圖左）日治時期在新竹開設岩田醫院，謝春梅（上圖右）跟他學醫。吳遠裕的日籍妻子蟹江愛子（下圖左二）與護士們合影。

學到很多，也成為舅舅最得力的助手。

常陪舅舅驗屍

日治末期，岩田醫院在新竹市算是知名醫院。謝春梅常陪吳遠裕驗屍，那時沒有法醫，碰到他殺、自殺、意外死亡時，要有檢察官、警察陪同，開具死亡證明書，家屬遺族才可以下葬。因常驗屍，各種死狀他都看過，以前給火車輾斃，屍塊還要一塊塊撿起來。

這段陪舅舅驗屍的經驗，沒想到近年來變成他行醫之外，每日最重要的例行工作，已九十七高齡仍經常下鄉行政相驗，有時碰到寒熱交接季節，一天還得相驗四、五名死者。

謝春梅說，隨著時代進步，刑事鑑定的發達，現各縣市地檢署都有法醫，亦設有刑事鑑識科，致重大刑案、意外死亡、兇殺，他殺，大都由法醫、刑事鑑識人員來驗屍，但日治末期都由「囑託」醫院醫師處理。

坎坷元配徐茶妹

「蟹江愛子來台後才知吳遠裕在台灣已經結婚，元配徐茶妹並生有三女，台灣因是日本殖民統治，日人保有優越感，堅持入籍要『正室』，不能當『偏房』，而徐茶妹娘家在頭屋、西湖也是望族，豈能容許『鵲巢鳩占』，只好回娘家住，讓吳遠裕非常為難，也感愧疚。」

謝春梅的同鄉好友陳日陞，正在追求徐茶妹的次女張玉彩（給公館五穀岡張永浩當養女），請他轉送照片給蟹江愛子，蟹江愛子看了非常中意，而吳遠裕夫婦也非常關心這樁婚事，除了給予豐厚的紅儀，出嫁當天蟹江愛子還親自幫張玉彩妝扮，似乎想借著對張玉彩的愛，來彌補對徐茶妹的虧欠。

徐茶妹晚年，謝春梅曾跟隨陳日陞、張玉彩夫婦到西湖探望她，發現她是位溫婉慈祥，任勞任怨的傳統客家婦女，令他非常敬佩。

蟹江愛子生有三子一女

「蟹江愛子生有三子一女，二次世界大戰結束前，長子岩田俊雄是空軍志願役，正服役中；次子岩田照雄在終戰那年四月，考上總督府台北醫學專門學校，想繼承父親衣缽；三子岩田政雄還念小學，女兒岩田英子念新竹女中。」

謝春梅在岩田醫院服務四年半，醫院有醫療助手三位，護士四、五位，院務由蟹江愛子協助處理，她待人非常溫柔親切，與助手、護士們都相處得非常融洽；她所生幾個子女都遺傳了父母的優點，個個挺拔俊秀、美麗，孩子有時也與醫護人員玩在一塊。

幫舅舅回鄉購買田產

謝春梅在岩田醫院跟舅舅學了很多，包括為人處事與投資眼光，那時吳遠裕已察覺時局不穩，日本軍國主義在太平洋的戰爭已節節失利，託他回銅鑼家鄉購買田產，一旦戰爭嚴重，都市遭轟炸，回鄉還有棲身之所。

「我透過舅舅吳遠德的仲介，幫吳遠裕在銅鑼樟樹林順利買了六、七甲的水田，一甲地三千五百元至四千元，跟通霄黃屋買的，算買得很便宜。不久台灣光復，接著『二二八事件』、大陸國共內戰，時局不穩，有錢也買不到地。」

謝春梅幫吳遠裕買的地，雖然後來三七五減租，耕者有其田，很多成了佃農的土地，但對光復後返回三義行醫的吳遠裕而言，也是筆重要資產。

吳遠裕與彭秀英所生的三子吳明雄受訪說，父親日據時期在新竹市開設岩田醫院，當新竹州的法醫，台灣光復後遭人丟石頭，日本媽媽回日本，父親才回到銅鑼鄉下，買了不少田地，但在賴順生當縣長時代，政府實施三七五減租，被徵收了不少[4]。

謝春梅於昭和十八年（一九四三年）通過台灣總督府乙種醫師筆試及格，但實地考試婦產科沒有通過，繼續留在岩田醫院服務；隔年（一九四四年）十月六日順利取得乙種醫師試驗合格證書，到台北馬偕醫院受訓，才離開岩田醫院，但假日仍常去探望舅舅。

舅舅醫院遭人霸佔包圍

「台灣光復後約兩個月，負責接收的接管委員會陳姓主委，是名『三腳仔』，以接到檢舉兩大罪名欲查封舅舅的醫院。一說他私藏三枝槍械要反祖國，另一是說他靠過去日本勢力欺負台灣人，兩項都是莫須有罪名。」

謝春梅在新竹市待了四年多，他觀察日治末期在醫界與官場有三股勢力，分是日本、河洛與客家，其中客家勢力最弱，但吳遠裕獲得州政府許多「囑託」，包括開具診斷書、司法相驗、特種行業體檢等。他也擔任市協議會員，遭人眼紅。

他知道舅舅醫院遭查封後，趕到新竹，發現岩田醫院樓下掛著「三民主義青年團診斷處」，樓上則掛著「三民主義青年俱樂部」的牌子，醫院被迫停診，舅舅吳遠裕含著淚準備出庭。

4 何來美撰〈政治人物外傳：吳遠裕〉，收錄於徐永欣主編《三義鄉志》上冊，三義鄉公所，二〇〇九年，頁204。

「查封當天有位中校找舅舅打針，外面有近百人包圍醫院，這名中校出來後口頭向接收部隊的謝姓侍從官說：『你的梅縣人被人欺負了。』這位謝姓侍從官碰到我用客家話說：『真是豈有此理，這些人說保護治安，有合法組織嗎？要逼人走嗎？』」那時日本人還治台，尚未離開台灣，這些接收人員的行為並不合法。

客家籍軍官出來解圍

謝春梅說，這名謝姓軍官去幾天後去找接管新竹縣、市的郭紹宗、陳貞彬，兩人都否認逼迫吳遠裕。事後謝姓軍官跟他說，他們從高雄登陸後，看台灣被河洛人控制，客家人被欺負，要不要他派兵來幫忙？當時台灣的治安也真是一團亂。

「後來舅舅找吳信聰寫陳情書，說明吳遠裕不僅不是反祖國份子，他的家祖吳湯興，在日治時代還是抗日份子，事情才解決。」

台灣光復後，國民政府成立台灣行政長官公署，接收台灣，陳儀擔任行政長官，隨他來台的參謀長柯遠芬、秘書長葛敬恩、警務處長胡福相也曾到新竹，了解新竹的治安狀況。但謝春梅發現吳遠裕的妻子蟹江愛子似乎被這場暴亂嚇到了，認為新的政府對日本人很不友善，不久就帶著四名子女返回日本。

蟹江愛子率子女返日

「蟹江愛子見台灣難容日本人，遂帶四名子女返回日本後，吳遠裕覺得新竹難以再待下去，也離開傷心地，回到三義開設吳醫院，並娶彭李榮的女兒彭秀英為妻，一切歸零重新出發。」

蟹江愛子率子女返日，除感覺新政府難容日本人，遭排擠外，與吳遠裕之間是否有其他因素？

也非外人所能了解。但謝春梅深知舅舅的為人，非常疼愛日籍妻女，他相信應該給了相當豐厚的財產，讓他們返回日本生活無虞。

謝春梅說，蟹江愛子返回日本後，好像沒有再回台灣，但子女們有回台灣看父親吳遠裕，也看了同父異母的姐姐張玉彩。至於吳遠裕有無遠赴日本探望妻女？他並不清楚，但他相信夫妻情份還是有的。兩人所生的愛女岩田英子，長得非常漂亮，返日後參加全日本選美比賽，還獲得第四名。

有年謝春梅到日本名古屋旅行，晚上十一點多曾打電話給蟹江愛子，想去看看他們，可惜沒有人接電話，致沒有聯絡上，有點遺憾！

岩田照雄念新竹中學時與中油台探總處服務的謝德龍是同學，致岩田照雄回日本後與謝德龍仍有聯絡，謝德龍曾任出礦坑礦場場長，是出礦坑石油博物館的設計人。

「父親的日本兒子，聽說曾兩度來台，約父親在台北見面，有位並在松下公司上班，要拿錢孝敬父親，但父親並沒有收。」吳遠裕的屘子吳明雄也曾談到父親與日本兒子的過往。

再娶彭秀英為妻

彭秀英是吳遠裕第三任太太，畢業於京都女專，小吳遠裕十九歲，是日據時期三叉庄長彭李榮（一八七七年—一九四七年）第四房妻子所生的女兒，曾任三叉公學校老師。夫婦生有三子，長子吳國雄在裕隆公司服務退休；次子吳光雄中國醫藥學院醫學系畢業，繼承父親衣缽，曾任省立台中醫院外科醫師、光雄醫院院長，並在三義開設惠生診所；三子吳明雄，在三義開設聯合藥局[5]。

5 同註1。

國民政府遷台後，鄉長改為直接民選，熱衷政治的吳遠裕，也幾是每選必競，先當選三、四屆鄉民代表後，再當選第二、三屆苗栗縣議會議員。第三屆三義鄉長選舉他獲劉派支持，力抗黃派爭取連任的賴標秀，結果賴標秀連任。

第四屆三義鄉長選舉劉派提名徐鵬，並獲國民黨提名，黃派未派人選，徐鵬輕易當選，吳遠裕轉而當選苗栗縣議會第五屆縣議員。

兩位鄉長任內病逝

民國五十三年（一九六四年）初第五屆三義鄉長選舉，黃派支持吳昌源，劉派再拱吳遠裕參選，黃劉兩派對峙尖銳，結果吳昌源驚險獲勝。第六屆鄉長選舉經地方協調，吳遠裕未出馬，形成吳昌源一人同額選舉，但吳昌源不幸於民國五十九年（一九七〇年）十月任內去世。

吳昌源去世後，因任期還有一年多，鄉長職務由縣府機要秘書張群盛代理，並進行鄉長補選，國民黨縣黨部主委楊寶發建議地方，為了和諧，讓吳遠裕同額選舉，結果黃派未推人選，吳遠裕也順利當選。

當時縣長黃文發是劉派，楊寶發這樣考量認為鄉長任期不多，吳遠裕也志在擔任三義鄉長，若黃派能讓步，也有助於地方和諧，但沒想到吳遠裕也在任內去世。

吳明雄說，父親首次跟吳昌源選鄉長，一向是劉派的彭崑山投奔黃派，結果父親以二百多票之差落敗，彭崑山也當選縣議員。父親補選當上鄉長一年多後，突於農曆正月十六日掃墓那天去世。

連續兩位「吳鄉長」任內去世，地方傳言紛紛，有人說吳昌源過世時，縣府送的輓聯只寫「三義鄉長千古」，沒有寫「吳鄉長昌源千古」；亦有人說，吳遠裕就任鄉長交接時，國旗與國父遺像突然掉下來，「綵頭」不好[6]。

吳遠裕的哥哥吳阿禮（一八九〇年—一九六三年），曾任銅鑼庄協議會員、銅鑼鄉一至四屆鄉民代表，並任三、四屆代表會主席及農會總幹事、縣議員、鄉長等職。

前仆後繼　永不屈服

謝春梅說，舅舅吳遠裕一生醫政兩棲，在新竹市遭人鬥爭失敗後，回到三義、銅鑼家鄉東山再起，他前仆後繼，永不屈服，拚戰到人生最後一刻，這點令他非常欽佩。

吳遠裕前後娶了三個太太，共生有十名子女，分散居台、日兩地，都非常優秀；在情感上他對一、二任太太徐茶妹、蟹江愛子或許有些愧疚，但也可看出他盡力彌補的用心，他真的是苗栗縣近代史少見的傳奇人物，也是謝春梅學醫路上教他最多，惠他最多的恩人。

6　何來美撰「政治篇」，收錄於徐永欣主編《三義鄉志》上冊，三義鄉公所，二〇〇九年，頁187–188。

動盪不安的十年

從一九四一年到一九五〇年，是台灣最動盪不安的十年，日本軍國主義發動侵華戰爭，台灣總督府嚴控民生物質，推動皇民化，面對盟軍對台轟炸，百姓過著提心吊膽的生活；好不容易日本戰敗投降，台灣光復，卻接連發生「二二八事件」、通貨膨脹、國民政府遷台，百姓度日仍舊忐忑不安。

謝春梅這十年從醫療助手變成執業醫師，他躲過多次空襲，身受通貨膨脹之害，也親歷醫療防疫漏洞及醫政接軌的紊亂，但也救了很多人，是他行醫史上最難忘的年代。

養豬登記　豬肉配給

「小時候除了年節，大概一個月才能吃一次豬肉，石圍墻沒有豬肉攤，福基才有。日本殖民政府為了軍需，從昭和十四年（一九三九年）開始嚴控民生物質，豬肉採配給，一般養豬戶也要登記，平均每戶一年要『出豬』一次。有年我家『出豬』兩次，是因鄰居私宰了，沒豬可出。」

跟周朝棟學醫的謝春梅，有天傍晚回家，住在對面的鄰長邱崑嶽突到他家，跟父親說：「『河洛哥』（謝長煌外號），您今天要『出豬』哦！」

「我才『出豬』六個月，怎又輪到我？誰的豬能養那麼快啊！」謝長煌感到訝異。

「邱顯才已一年八個月未『出豬』，私宰了，拜託啦！」邱崑嶽近乎懇求。

一般肉豬養到百餘斤才賣，那時謝春梅家養的兩頭豬才六、七十斤，根本還不能賣，但為向上頭交待，謝長煌只好忍痛「出豬」，並要兒子謝春梅跟隨。快到公館屠宰場時，遠遠就聽到屠宰場主任林禮淵（刑事退休）在喊「邱顯才！邱顯才！」

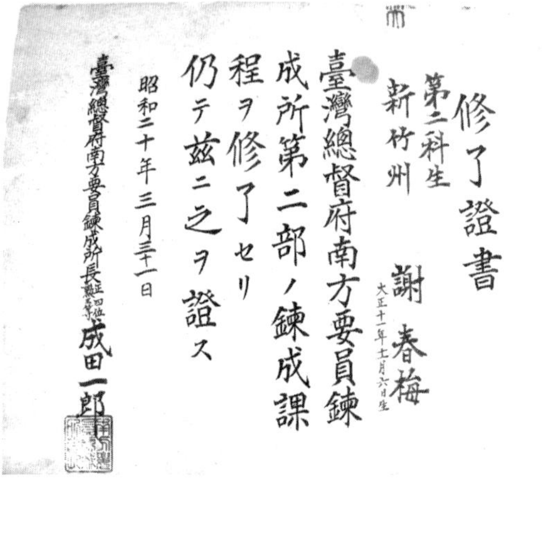

修了證書

第二科生
新竹州　謝春梅
大正十一年十一月六日生

臺灣總督府南方要員錬成所第二部ノ錬成課程ヲ修了セリ仍テ茲ニ之ヲ證ス

昭和二十年三月三十一日

臺灣總督府南方要員錬成所長 正四位勲三等 成田一郎

▲▶謝春梅（後排左三）參加台灣總督府南方要員錬成所受訓，學員合影留念（上圖），並頒發修了證書（右圖）。

在公館庄役場擔任臨時人員的周洪傑認識謝春梅，私下跟林禮淵咬耳朵，林禮淵才改喊：「謝長煌！謝長煌！」

上有政策　下有對策

謝春梅當晚目睹豬隻宰殺，發現所謂的豬肉配給，也是「上有政策，下有對策」，有三分之一拿去做人情，賣給地方有頭有臉的人，剩下三分之二才配給。六個月內「出豬」兩次，謝春梅明知父親吃了暗虧，但為了鄰居也不好張揚，因若發現私宰或未按時「出豬」，會被刑求到半死。

「『出豬』有公定價格，可以多養，不能私宰，但一個月才配給一次豬肉，怎有油水？致地方仍常私宰，尤其碰到年節需要準備很多牲品，不私宰哪夠？致祭拜天公、祖先或附近土地公的豬肉，很多都是私宰的，只有到街上廟宇拜拜的豬肉才到肉店買，蓋有屠宰章。」

謝春梅觀察私宰風氣，從日據時代到台灣光復初期都有，光復後有回警察到中義村查私宰，要老村長鍾丁貴陪同。鍾丁貴跟著到現場，發現有豬肝，馬上丟給一群狗搶食，結果沒有查到贓物，警察也莫可奈何。

日治末期豬肉配給，只是殖民政府管控物質的例子而已，後來連稻米等民生物質也管制，且鼓勵台灣人改日本姓氏，拜天照大神，推動皇民化，但真正落實的家庭並不多，老百姓生活也越來越清苦。

盟軍採「跳島」戰略

昭和十六年（一九四一年）十二月七日，日本偷襲珍珠港，發動太平洋戰爭，面對美國優勢武力，日本在太平洋島鏈節節敗退，而麥克阿瑟將軍指揮的盟軍，也採「跳島」戰略，沒有直接攻佔台灣，而是跳過台灣，直接攻佔沖繩，但是台灣仍舊常遭盟軍空襲，不過比起沖繩，台灣的傷亡降低了很多。

今天台北市有羅斯福路、麥克阿瑟公路，主要也是紀念二戰期間這兩位對台友善的美國領袖。

昭和十九年（一九四四年）十月六日，謝春梅通過醫師試驗合格考試，在台北馬偕醫院經過近半年的醫學訓練，昭和二十年（一九四五年）三月三十一日獲台灣總督府南方要員鍊成所所長成田一郎頒發「修了證書」，此證書意味準備派往南洋前線當軍醫。

十三油人遇阿波丸船難

二戰末期日本急需石油，從出礦坑、錦水等礦場徵調年輕力壯鑽井人員，前往佔領的印尼蘇門答臘、新幾內亞、爪哇及婆羅洲等地鑽井採油，昭和二十年（一九四五年）四月一日凌晨，有十三位鑽井人員搭上了日本郵輪「阿波丸」號返回日本，遭美軍「皇后魚」號潛水艇擊沉，全部罹難。

這十三人是謝阿乾、張木登、黃秀常、莊雲才、羅習東、劉蕚榮、陳壬秀、黃文健、黃文龍、陳立松、劉景盛、徐運河、林乾安。

「阿波丸」號郵輪漆著綠十字，從新加坡前往日本，經過福建省平潭縣牛山島附近的臺灣海峽海域時，因碰到濃霧，能見度低，遭「皇后魚」號潛水艇誤認是日本戰艦。艇長查理·拉福林下令發射魚雷攻擊，結果「阿波丸」被擊沉，造成二千餘名乘客罹難，震驚國際。

油人沉冤海底噩耗傳回公館，震驚各礦場員工，殉難家屬也幾哭斷腸。另有批油人幸搭乘其他船隻回台灣或日本，躲過劫難。他們是魏阿煌、劉塗秀、徐登亮、廖光坤、鄭朝明、吳玉斗、張南球、李祥秀、徐木昌、謝鼎泉、張立添、張立朝、陳黃森、林榮汀、張添潤、彭定椿、彭基錦、劉捷揚、謝琳華、楊耀喜及日人岩松一雄等人[1]。

魏阿煌的女兒魏玉英（一九三五年生）說，她念國小一至五年級時，父親前往蘇門答臘及日本鑽井採油，父親從蘇門答臘前往日本秋田縣時，慶幸未搭上這艘死亡之船，躲過一劫，台灣光復才返台。船難發生時，出礦坑一片哀戚，也算是二戰的悲劇。

沒派往南洋當軍醫

謝春梅在台北受訓半年期間，屢遭盟軍轟炸，有次馬偕醫院遭轟炸，他幸運逃過一劫；昭和二十年（一九四五年）五月三十一日盟軍瘋狂轟炸台北，他已回鄉出任福基戰時診療所主任，跟他一起受訓的同鄉徐傳雲卻沒那麼幸運，被炸死在總督府防空洞內。

台灣總督府南方要員錬成所頒發「修了證書」給他，卻沒有派他到南洋當軍醫，是因當時日軍已節節敗退，海空權都被盟軍掌控，連船艦出港都有困難。昭和二十年（一九四五年）五月，台灣總督府博愛會派謝春梅為福基戰時診療所主任，雖然新聞封鎖，但從美軍空襲不斷，百姓天天躲空襲，學生難以安心上課，已隱約知道日軍已節節敗退。

在鄉下因自己種田、種菜，自給自足，感覺衝擊沒那麼大，但在都市，以及公教人員則影響較深，漸漸地也感受到通貨膨脹。

1 部份資料參考張世俊發表於《油花》五〇〇及五〇一期內容。

政府交接的空窗期

昭和二十年（一九四五年）八月十五日，日本昭和天皇宣佈無條件投降，到十月二十五日陳儀來台接收台灣政權，仍有七十餘天政權交接空窗期，仍舊由日本殖民政府控制。

謝春梅卸下福基戰時診療所主任，回到石圍墻幫鄉親看病，發現公館人對日本人很友善，並未出現對日人嘲弄、毆打事件。老百姓則出現兩樣情，一是對祖國光復台灣，恢復漢民族統治，充滿期待；一是認同日本對台灣的建設與治安，覺得不捨，但整體來說高興台灣光復的人仍佔多數。

在台日人必須限期遣返，致他們留下的不動產（土地、房舍）、笨重家俱只好賤賣，那時曾興起一種名叫「剝狗皮」[2]的行業，此行業在都會日本人多的地方較興盛，即便宜收購日本人留下的東西，再轉賣給台灣人，賺取利潤。亦有人跟日人交情好，私下獲得日本人「半相送」贈與房產。

國軍來台　百姓失望

「後來看到來台的國軍肩挑鍋子，纏布綁腿，衣衫不整，缺乏士氣威嚴，跟日本人之前諷刺國軍的漫畫一樣，覺得日本人並沒有冤枉國軍，許多人對祖國從滿懷期待，又馬上失望了，後我才知道這些部隊並不是正規軍，在大陸是三流部隊[3]，臨時編組的。」

來台部隊駐紮在公館「亞麻會社」（後來的蠶絲廠），謝春梅發現不僅部隊缺乏士氣，少數外

2　台灣人以前不滿日本殖民統治，採差別待遇，私下罵他們是日本狗，他們戰敗要遣返日本，東西賤賣，有如剝他們一層皮，故戲稱「剝狗皮」。

3　國民政府抗戰勝利後，一流正規軍接收東北，二流部隊保護京滬，來台接收的是三流部隊。

省官員也充滿優越感，他回石圍墻家看診，跟這些官員很少接觸，地方士紳對他們卻感厭惡，私下亦傳出「狗去豬來」耳語。

部隊官餉數人頭，有官員貪官餉，石圍墻有好幾個年輕人被抓去權充臨時「人頭」，卻聽不太懂國語，口令也搞不清楚，鬧了不少笑話。那時亦有召募台籍志願役，上坪有二、三人參加，後跟著部隊到大陸參加國共內戰，一位姓謝的有回台灣，有位姓陳的聽說戰死在大陸。

有位住在打鹿坑的志願役回台說，國共內戰是自己人打自己人，哪邊閃來閃去，兩邊強就靠哪邊，以求保命。

「二二八」劉闊才等人被捕

「民國三十六年（一九四七年）二月二十八日，台灣發生『二二八事件』，苗栗地區一度出現無政府狀態，部份軍警撤離，劉闊才被推為壯丁團團長，岳父劉東儒當分隊長，劉開英也準備武器要反抗，後來劉闊才、鍾建英、鄒德龍、蘇萬松、謝少琳等五人被捕，後經劉闊才母親劉羅雙妹奔走才獲釋。」

謝春梅已在上福基開業行醫，他從劉東儒、劉開英口中得知苗栗情況，國民政府派二十一師部隊來台鎮壓，四月二日劉闊才等五人被捕，劉闊才並列為奸匪首要。

劉闊才等被捕後，外界說法紛紜，一說劉闊才派員接收後水尾、外埔地區派出所的武器，以免武器落入不肖人手中，負起地方治安責任。另一說是劉闊才接收武器後，與外省軍警抗衡，有擁兵自重之嫌。

劉羅雙妹為營救兒子劉闊才，除透過女婿邱雲賜找上邱雲鵠，拜託新竹縣防衛司令劉定國幫忙營救，也透過管道送了五百萬元「保命錢」賄賂國民黨高官，其中四百萬用來贖劉闊才，一百萬贖另外四名同夥，而保安司令部參謀長柯遠芬（一九〇八年—一九九七年，廣東梅縣客家人）就收了一百五十萬元，到四月二十九日劉闊才等人終獲釋。

中央研究院台灣史研究所所長許雪姬指出，在〈奸匪首要劉闊才等五名賄釋罪〉中，劉闊才被列奸匪首要罪名，並非過去外傳與苗栗某中學（建台中學）槍械被搶有關。劉家五百萬「保命錢」，是預先向佃農收二百石田租籌措來的[4]。

謝春梅說，邱雲賜、邱雲鵠是堂兄弟，都是地方醫師，邱雲鵠還是劉定國的姐夫，因這種關係，首屆苗栗縣長選舉，劉闊才也支持劉定國與黃運金對壘。

國共內戰時的台灣

「二二八事件後，大陸國共內戰日熾，共黨份子來台發展組織，並散布可分田分地謠言，並傳出有地主與佃農搶割稻子，怕田地給佃農搶去，但我認為在公館應是謠傳，因為多數佃農都怕地主，尊敬地主，哪敢得罪地主。」

謝春梅出身佃農家庭，早期佃農一季一甲地要繳二十元保證金，他記得祖母曾跟舅公借二十元保證金，結果沒有借到。國民政府撤退來台前，也聽說蔣介石敗了，要來台灣，並叫陳誠來台先安頓，實施三七五減租。那時民風封閉，資訊不發達，一般居民不覺恐慌，但通貨膨脹卻非常嚴重。

國民政府撤退來台後，隔條台灣海峽，因「中共趕走國民黨就好，並不急於攻台」，加上以當時中共武力欲攻台並不易，美國又協防台灣，終讓蔣介石有個落腳之處。

4　何來美《台灣客家政治風雲錄》，台北聯經，二〇一七年，頁202–203。

謝春梅當軍醫時，曾獲蔣介石致贈簽名肖像，他直覺「阿石伯」是個忠於國家的領袖，只是性情較烈，國共內戰失敗，落難來台，真是「虎落平陽」。

身受通貨膨脹之害

「你相信兩分地花生收成，可換一甲田地；四萬元舊台幣，只能換一元新台幣嗎？這是一夕致富或成赤貧的混亂年代。」

謝春梅親歷通貨膨脹的可怕，光復後雖出現通貨膨脹，但沒有國民政府遷台前那麼嚴重可怕。光復初期他有買六、七甲田的財力，卻因通貨膨脹太厲害，後想買已沒人要賣，民國三十八年（一九四九年）六月十五日政府宣

▲民國三十四年台灣光復，由湯甘來（前排中）接收公館庄役場。

布，四萬舊台幣換一元新台幣，幣值一瀉千里，很多富人一夕變窮人。

相對地，那時向銀行借貸者，因幣值大貶，早期借錢買地者，也一夕致富，石圍墻一位邱姓鄰居就以兩分地花生價值換了一甲田，並非笑譚。

「買山幹嘛？沒做沒食。」謝春梅光復初期存有六、七萬元，那時桂竹林一帶的山地，一甲才八百元，再借點錢可以買一百甲，卻因父親這句話沒有買，殊不知「有土斯有財」，後來有人以每甲一千元成交。水田石圍墻一帶每甲約三千五百元至四千元，苗栗福星里一帶約五千元，因父親希望要離家近，水源足，因猶豫也沒有買成。

光復初期土地漲了三分之一，二二八事件後，大陸國共內戰日熾，台灣通貨膨脹日熾，變成沒人敢賣土地。

醫師公會考核會員

「台灣光復初期，因港口檢疫鬆懈，不僅天花、腦膜炎、霍亂、狂犬病等傳染病死灰復燃，令醫師應接不暇，醫政接軌也相當紊亂，南京國民政府還要求各縣市醫師公會考核醫師會員。」

謝春梅原始醫師證書，是昭和十九年（一九四四年）十月六日由台灣總督府頒發，台灣行政長官公署接收政權後，於民國三十五年（一九四六年）五月十三日重新發給「台灣省乙種醫師證書」，衛生局長是經利彬。

那時新竹縣醫師公會理事長是吳鴻森，苗栗分會會長是徐阿煌，對會員負有考核、證明義務。新竹縣醫師公會「醫事人員甄訓暫准開業考核表」分學識、技能、品行、服務精神、體格進行考核，分佔二十五％、五〇％、一〇％、一〇％、五％，給謝春梅評分是十七、四十一、九、九、五分，總分八十一分，五項考評評語是「良、良、良、佳、健康」。

徐阿煌也出具謝春梅醫師會員證明書，報到南京的考試院備查。

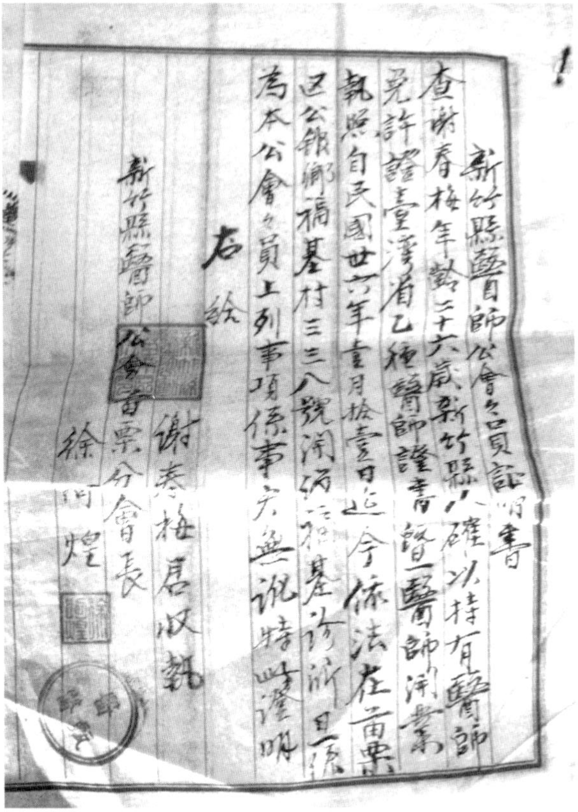
新竹縣醫師公會々員證明書

查謝春梅年齡二十六歲新竹縣人確以持有醫師免許證臺灣省乙種醫師證書暨醫師開業執照自民國卅六年壹月拾壹日起今依法在苗栗區公館鄉福基村三三八號開設福基診所且係為本公會々員上列事項係事實無訛特此證明

右給

謝春梅君收執

新竹縣醫師公會苗栗分會會長

徐阿煌

▲新竹縣醫師公會苗栗分會會長徐阿煌出具給謝春梅的醫師證明。

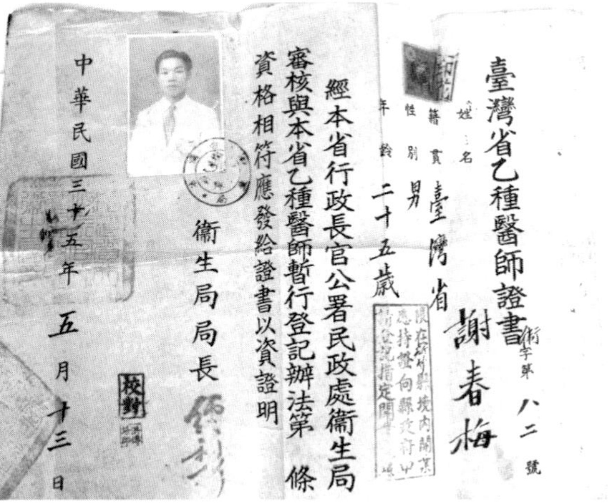
臺灣省乙種醫師證書　衛字第八二號

姓名　謝春梅

籍貫　臺灣省

性別　男

年齡　二十五歲

經本省行政長官公署民政處衛生局審核與本省乙種醫師暫行登記辦法第　條資格相符應發給證書以資證明

衛生局局長

中華民國三十五年五月十三日

▲衛生局局長經利彬重新核發乙種醫師證書給謝春梅。

戰後傳染病死灰復燃

日治中、後期獲得控制的一些傳染病，如天花、霍亂、狂犬病，在台灣光復初期，由於醫療制度銜接紊亂，港口檢疫鬆散，甚至大陸一些傳染病也從境外傳來台灣，讓剛開業的謝春梅忙得不可開交，而這些傳染病的治療、防治，也累積了他的行醫經驗與醫術。

昭和二十年（一九四五年）五月，謝春梅出任福基戰時診療所主任，已開始以醫師名義回鄉行醫，八月十四日日本昭和天皇宣布無條件投降，在中日政權移交的過渡時期，福基戰時診療所被國民政府接收，他暫時回到石圍墻家中行醫。

遇天花感染病例

「台灣光復後約兩個月，我在石圍墻家中看診，福星村有位鄧姓村民發高燒到三十九度多，家人要我到他家看診，我看後感覺好像感染天花，特別留意；第二次去看診，已長出痘子；第三次則長出膿包，且全身都有，發高燒。」

台灣在日治中、後期，因全面種牛痘疫苗，已沒有天花，致謝春梅之前也沒有遇過天花病患，他問鄧姓病患：「你最近去哪裡？碰到什麼人？」

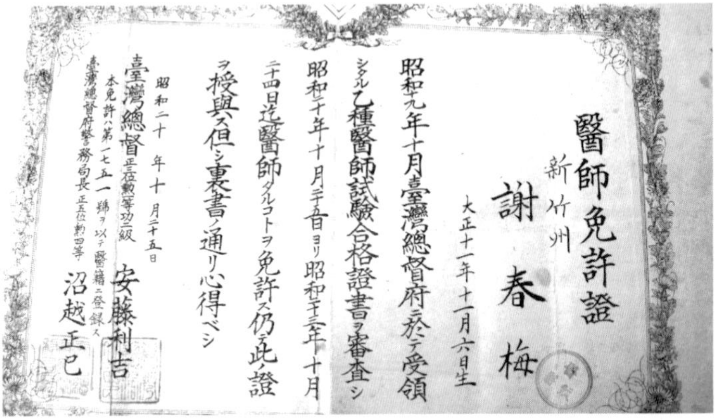

醫師免許證

新竹州

謝春梅

大正十一年十一月六日生

昭和九年十月臺灣總督府ニ於テ受領シタル乙種醫師試驗合格證書ヲ審査シ昭和十年十月二十五日ヨリ昭和二十年十月二十四日迄醫師タルコトヲ免許ス仍テ此證ヲ授與ス但シ裏書ノ通リ心得ベシ

昭和二十年十月二十五日

臺灣總督 正三位勳一等功三級 安藤利吉

本免許ハ第一七五一號ヲ以テ醫籍ニ登録ス

臺灣總督府警務局長 正五位勳四等 沼越正己

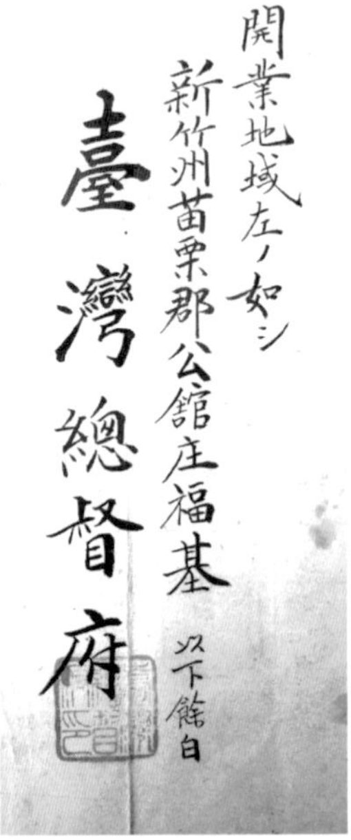

開業地域左ノ如シ

新竹州苗栗郡公館庄福基

臺灣總督府

以下餘白

▲▶日本殖民台灣最後一天，台灣總督安藤利利吉發給謝春梅的醫師免許證（上圖），並准許在公館庄福基開業（右圖）。

「我最近去了趟屏東，看樹木，在火車上看到一個長痘痘的人，他坐在我對面。」

謝春梅證實鄧姓病患已感染天花，而且還傳染給懷孕的太太，造成流產，他馬上施打抗生素及其他藥物治療，後再打牛痘疫苗，廿幾天後倆夫妻就病癒了。

給西羅屋村民施打天花疫苗

鄧姓病患剛醫好，後龍溪南岸的河排西羅屋，又傳出一位羅姓村民感染天花，謝春梅問他：「在哪兒感染？」

「可能到異地探親時，在火車上被傳染。」

謝春梅見症狀與感染情況，幾與鄧姓病患一樣，認為這是「移民社群接觸所感染的疫疾」，他擔心波及全村莊的人，為了防範，他馬上給全西羅屋的八十餘人注射天花疫苗，結果沒有免疫力的都長出痘痘，有三十餘位。

謝春梅小時候種過牛痘，為了保護自己，也在自己兩大腿內側施打疫苗，證實他已有免疫力。從天花傳染事件，證實日治時期台灣的傳染病預防明顯優於大陸，而大陸讓沒有施打天花疫苗者也上船來台，造成防疫漏洞，實在太危險了。

光復初期傳染病嚴重

其實，不僅在台已絕跡的天花，在台灣光復初期出現感染；真性腦膜炎、霍亂、虎疫、狂犬病也出現傳染，日治後期已經大致控制的傳染疾病，隨著戰爭結束，國府接收，因為醫療制度的廢弛和公共衛生的推行不力，在台灣各地逐漸流行起來，尤以民國三十五、三十六年最為嚴重。

依據台灣省政府衛生處編印之衛生統計資料，終戰後第一、二年的法定傳染病患和死亡人數令人感到不寒而慄。一九四六年法定傳染病患者六千一百九十二例，死亡人數二千七百零一人，死亡率四三．六三％。一九四七年法定傳染病患者五千九百九十八例，死亡人數一千八百三十人，死亡率三〇．五一％[1]。

港口檢疫鬆弛助長蔓延

「民國三十五年二月，屏東市首先發生真性腦膜炎，嗣後新竹、台中、虎尾均有同樣例症；同年台北、新竹、台東、花蓮發生天花。民國三十五年四月基隆市首先發生霍亂，隨後台南、高雄、新竹、宜蘭及台北等地，先後亦被虎疫侵入。」南瀛醫師吳新榮很感嘆的說：「做過十多年的醫生，也未曾見過這樣瘟疫。」

1　莊永明《台灣醫療史——以台大醫院為主軸》，台北遠流，一九九八年，頁362–365。

▲台灣光復後在公館福基開業的謝春梅，是公館最年輕的西醫，雄姿英發。

戰時的慘重破壞，造成衛生條件惡劣，以及醫藥匱乏、營養不足，和這些災厄不無關係。吳新榮認為「和光復同時帶來的瘟疫，都是⋯未曾看過的東西。」戰後各種傳染病盛行，歸之於「移民社群接觸而引起原在居民疫疾」。戰後初年，法定傳染病會死灰復然，港口檢疫工作的鬆弛，也是重要原因[2]。

一九四六年發生天花、霍亂病例，連日治時期撲滅的鼠疫也出現少數病例，其他如斑疹傷寒、回歸熱也發生過，狂犬病更自一九四八年起，連續猖獗了十一年[3]。

2 同註1

3 同註1，頁364–365。

見過三次狂犬病患者

「二〇一三年夏，台南再傳出狂犬病疫情，台南名醫韓良誠說，他六十年前曾見過父親韓石泉的病人有人染狂犬病，因狂犬病無藥可醫，最人道醫療方式是打鎮定劑，讓患者沉睡到過世。」

謝春梅看了這則新聞回憶說，民國三十八年（一九四九年）他也先後見過三名狂犬病患者，第一位是七歲的羅姓孩童，住在打鹿坑（福德村）被別人家的狗咬了，全身發抖，因為他也沒有見過狂犬病患者，只知狂犬病又稱「恐水症」，端出一盆水出來，男童見到水一直發抖，證實感染了狂犬病。

「因男童連續三次見到水就發抖，狂犬病又無藥可醫，且怕他狂起來會咬人傳染，只好請他的家長帶回家關起來，弄點好吃的東西給他吃，讓他度過可憐且短暫的餘生，並注意狂犬病狗的撲殺。」

那陣子狂犬病在台灣傳染流行，謝春梅碰到三個病例，卻愛莫能助，讓他看了不忍，因此認為傳染病的防疫非常重要。

▲謝春梅開設的福基診所。

噴灑 DDT 消除瘧蚊

「民國四十一年（一九五二年）台灣省衛生處展開全台 DDT 噴灑，從瘧蚊繁生地區開始，進而在台灣各地逐戶實施消除瘧蚊，切斷傳染，成效很好，台灣終成為瘧疾根除地區，並獲世界衛生組織肯定。」

謝春梅發現國民政府遷台後，台灣醫政與衛生才逐漸走上軌道，全台噴灑 DDT 是好的開始，到民國四十四年（一九五五年）台灣已無天花病例。到一九七〇年台灣地區法定傳染病，始有急降的現象，當年患者為三百一十人，死亡十人，死亡率三・二三％，顯現防疫工作已收到具體成效[4]。

4　同註1，頁 530–535。

最難忘的新年

台灣光復後的第三個農曆新年，白喉突然猖獗，從除夕夜到大年初一凌晨，謝春梅開設的福基診所接連來了三個感染白喉症的幼童，但診所只有兩瓶白喉血清；他為搶救第三個孩子，坐輕便車跑遍公館、苗栗醫院才取得血清，幸運全數救回。行醫為了救人，這是他一生中最難忘的新年，從此他的診所全年不打烊。

向犧牲的馬兒致敬

「白喉是急性傳染病，日治時期曾大流行，致日本殖民政府對白喉的防疫非常重視。治療白喉要注射白喉血清，我參加乙種醫師檢定及格後，在馬偕醫院接受醫療實務訓練，日籍教授曾率大家了解如何從壯碩的馬兒身上抽取血液，製造血清，並要大家向犧牲的馬兒行禮致敬。」

昭和二十年（一九四五年）初，謝春梅在台北士林山上的一個山洞，親眼目睹一頭很壯的馬，先注入白喉菌，再麻醉，然後再開始慢慢抽取牠身上的血，一頭馬約可抽取啤酒瓶大的馬血二十四瓶，製成白喉血清。

他見馬兒身上的血漸漸被吸乾，最後犧牲性命，真的是「犧牲小我，完成大我」，牠雖是一頭牲畜，但大家看了都不忍，致教授要大家立正默哀一分鐘，並念念有詞說道：「你的犧牲救了那麼多人，向你致敬，也感謝你。」

白喉血清要即時施打

「我在新竹岩田醫院當醫療助手時，已接觸過白喉病患，有回一個十個月大的嬰兒感染白喉，因延誤來治療，後雖打了血清，喉嚨也好了，卻心臟麻痺死亡。因此，白喉血清也並非萬靈丹，施打仍要即時。」

謝春梅看了馬兒為提供血清而犧牲，非常感佩發明白喉血清的德國人貝林（Emil Adolf von Behring），早在百餘年前就研究出「抗毒素免疫」的新觀念。他將白喉桿菌毒素注射到馬、牛、羊身上，再從牠們的血液中分離出能抗白喉菌毒素的血清，然後注射到病人身上，產生良好療效。

白喉在台灣好發於冬季，且幼童罹患率較高，屬急性呼吸道傳染病，會侵犯扁桃腺、喉嚨、鼻子等上呼吸道，病灶處會形成灰白色膜，並有發炎現象，若不適時施打白喉血清，易導致組織壞死，危及生命。

白喉血清成救命仙丹

「台灣光復後，我在家鄉開設福基診所，病人主要分佈在公館、銅鑼、獅潭、大湖、泰安等地，算是偏鄉，醫療資源缺乏，為免誤了醫療搶救時機，診所隨時都庫存兩瓶血清備用，結果民國三十七年（一九四八年）農曆新年，成了救命仙丹。」

謝春梅回憶道，那年除夕吃過年夜飯，大家在團圓守歲時，突然有兩位來自獅潭的家長，愁容滿面地帶著發病的三歲男孩，先後來到診所急診，神情非常緊張，他診斷發現喉嚨長白膜，是明顯白喉症狀，馬上給孩子施打血清，並留在診所觀察，而小孩施打血清後，情況也漸漸好轉。

他好不容易忙完，剛上床睡覺不久，約凌晨三點又有來自銅鑼新雞隆的家長猛敲診所大門，又是感染白喉，且同樣是男孩，但診所血清已用完。為搶救孩子，他先到公館街上江嶸基、傅家霖的診所拿血清，結果兩家診所都沒有。

搭輕便車到苗栗找血清

「我怕耽誤到小孩，天未亮就拜託住在家附近的輕便車車夫劉阿萬，推車送我到苗栗找白喉血清，但劉阿樓、羅春桂開設的醫院也沒有血清，還好那時苗栗衛生院（局）就在南苗，有人值班，順利拿到血清，馬上再搭輕便車趕回，給危急的小孩施打血清。」

那時真是「救人如救火」，謝春梅從除夕夜忙到大年初一中午，幾乎整夜沒闔眼，但看到三個危急的小男孩，從他手中救了回來，家

▲地方人士贈「術輔天功」賀匾。

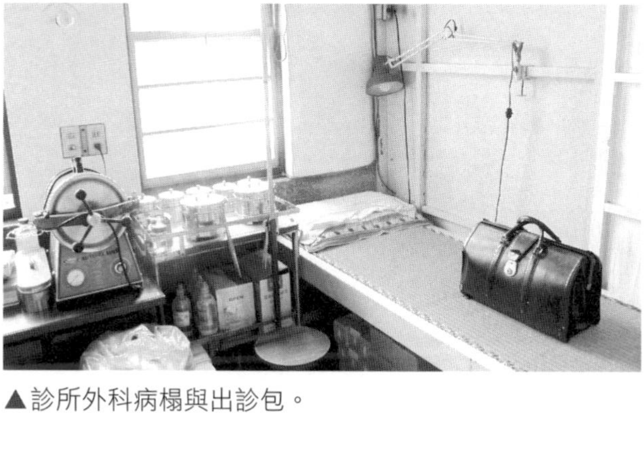

▲診所外科病榻與出診包。

長的愁容變成歡顏，內心的高興真是筆墨難以形容，再辛苦都值得。

當醫師最大的成就的就是及時救人，而他是偏鄉醫師，對偏鄉病人有守護的責任，從那年起他的診所變成全年不打烊，一直至今。

愚公移山建診所樓房

「我開業的前七年，公館地區還沒有通電，看病都靠瓦斯燈或蓄電池燈光，診所也是租的，直到民國四十二年現福基診所樓房落成啟用，地方才通電，並有屬於自己的診所。落成當天，地方名醫、名流江嶸基、羅春桂、傅家霖、劉傳村、陳漢初等人都來道賀，今年已邁入第六十七年。」

謝春梅這幢半日本式樓房是由石圍牆同鄉黃瑞麟設計，是挖後汶公路旁的山壁興建，故可說是一幢「愚公移山」建築。當時還沒有怪手，單挖山壁就花了一千多工，耗時兩年；男工一工十元、一斗米價格廿元，單移土就花了萬元。

福基診所樓房落成時，謝春梅才三十二歲，年輕有為，事業有成，真是雄姿英發，隔年他再娶

▲民國四十二年落成啟用的福基診所，後方洋房是後來所興建的。

十八歲的劉蓮英為如夫人，是他事業、愛情最得意時期。

到民國六〇年代，因子女已長大，原有居住空間不足，始在後面再興建三層樓洋房，同樣由黃瑞麟設計。

女尼產子　令人憐憫

台灣光復初期，有年大年初四晚上，苗栗地區某著名寺院傳出年輕女尼病重，要謝春梅趕往救治，他及時趕至，寺方卻改口說是老尼姑得了肺結核，讓他一頭霧水。後經檢警調查，發現是年輕女尼產子，但胎兒遭丟入茅坑，是跟和尚和姦所生，犯了佛門戒律。法官憐憫尼姑年幼無辜，法外施恩，僅輕判六個月徒刑。

比丘尼病重危急

「謝醫師！咱寺院有名年輕女尼病情嚴重，恐有生命危險，麻煩醫師帶齊藥品急救器材上山，前往救治，必要時可能要在寺內過夜哦！」

謝春梅記得那天是台灣光復初期的大年初四，但究竟是那一年忘了，不是光復後第二年就是第三年，晚上八點多，一名年輕和尚從苗栗叫了一輛雪佛蘭出租汽車到他診所，神色慌張。救人如救火，他馬上趕往。

近晚上十時，出租汽車開到寺院山腳下，他與這名和尚爬坡上寺院，爬得滿身大汗，和尚要他在客房等，他坐了十來分鐘，並沒有見到年輕病重的女尼，和尚也未再出現。

變成老尼染肺結核

正當謝春梅被搞得滿頭霧水之際，有位家住大湖的林姓比丘尼突然轉口說，有名老比丘尼非常嚴重，麻煩醫師給她診治下藥。

寺院還沒有電燈，點瓦斯燈，燈光暗暗的，雖覺事有蹊蹺，定有隱情，但在佛門聖地，也不便多問，只見一名染「痰火」（肺結核）的老比丘尼，病懨懨地躺在床上。他給老尼姑診療，並配鏈黴素藥後下山，再搭輕便車回診所。

「我收了三十元看診醫療費，再搭林進財的輕便車回診所，付了十五元車資。一早起床，我姑姑女兒突問我是否上寺院給尼姑接生？我說沒看到，只看到染『痰火』的老尼姑。她說傳出是尼姑產子，尼姑怕了，將小孩丟在茅坑裡。」

尼姑產子　地方傳開

果然，「好事不出門，壞事傳千里」，很快的此事就在地方傳開，第三天一位住在銅鑼的報社記者到診所採訪謝春梅，問他有無親眼看到尼姑產子一事？他答有上寺院看診，但並沒有看到尼姑產子，情況他並不清楚。

此事經媒體報導，地方傳得沸沸揚揚，甚至還傳出「上夜阿彌阿彌陀，下夜齋公攬齋婆」、「師父愛到莫耐何」等充滿諷刺、揶揄的話語。

終究紙包不住火，事情也越鬧越大，佛門聖地豈容通姦產子？犯了佛門戒律，產後棄子，更攸關人命，新竹地方法院看到媒體報導，主動指揮警方調查偵辦。

「我因此案上了法院好幾次，只能據實以告，有上寺院看診，但沒有看到尼姑產子。」

謝春梅作證時看到這名比丘尼，年紀很輕，涉世未深，形容憔悴，令人憐憫；但她始終護著這名吳姓和尚，未供出與吳有染，甚至還編造是與阿兵哥所生。

法院最後的調查結果是，這名比丘尼原在南庄獅頭山某寺院出家，與吳姓和尚發生性行為，犯了佛門禁忌，她懷孕後，轉到苗栗這家寺院，讓她求生不得，求死不能，極為痛苦。直到生產當天，吳姓和尚才出面，並租了汽車載謝春梅上山，但到山上後就避不見面。

女尼面對法官詢問，每次都頭低低的，身體甚至怕得發抖。她坦承犯了佛門禁忌，因害怕且有辱師門，情急之下才產子棄入茅坑，希望法官開恩。

吳姓和尚在東窗事發後，為了湮滅證據，聽說還去醫院做了輸精管結紮手術。

同情女尼　法外施恩

「法院公開宣判當天，法庭擠滿了二、三百人，有人來看熱鬧，更多人則對這名比丘尼感到同情，結果法官同情她的遭遇，念她年輕無知，處境可憫，法外施恩，僅輕判她六個月有期徒刑；和尚所觸通姦罪，因過了半年追究提告期限，也判無罪。」

「尼姑產子，法外施恩」，是謝春梅行醫一生最刻骨銘心的事件，後來這名比丘尼也還俗嫁人，聽說還生了六名子女，晚景幸福；吳姓和尚雖躲過了法律的制裁，卻一生難逃良心的譴責，而且知情者也知道此和尚是誰？

跋山涉水　視病猶親

謝春梅行醫區域主要在偏鄉山區，早期沒有橋樑、道路，翻山越嶺，碰到病重病人，難產婦人，坐流籠、渡急流是常事，險象環生，還好他從小喜歡運動，身手矯健；而偏鄉窮困，跋山涉水行醫，病患卻家徒四壁，常付不起醫藥費，但他視病猶親，救人第一，從不計較。

「早期出診，交通不便，靠兩條腿，我至少走了二、三十年，真的是『行醫』，跋山涉水一、兩小時是常事，若碰到晚上要救情況危急的病人或難產婦人，還得持油火把，翻山越嶺，非常辛苦。」

謝春梅日治時期就考上駕照，也很早就買中古車代步，但他行醫轄區多數在山區，車輛根本無法到達，有些偏遠山區，更只有羊腸小徑，坡度又陡，致爬山行醫是常事，且常要爬一、兩小時。

自拉線籠渡後龍溪

他有次到獅潭鄉竹木村十一分四看診，對面是泰安鄉清安村圓墩派出所，從八卦力出來約五百公尺，要渡後龍溪，只有自助線籠（流籠），要自己拉，還好他人矮小，線籠還容得下他與出診包；坐線籠到對岸，還要再爬一段山路，看診的艱辛，絕非現代人所能想像。

「坐在線籠內，只靠一條鋼索越後龍溪，邊拉邊往下看，不面河床水流湍急，線籠也只靠條細細的鋼索在支撐，搖搖晃晃，腳也涼涼的。」好不容易看診完，回程同樣要自拉線籠，心跳也跟著加快。

老蔣時代重視國防，想反攻大陸，軍費佔掉國家預算大半以上，忽略基層建設，直到民國六〇年代末期，小蔣主政，孫運璿擔任行政院長，中央才開始全面加強地方基層建設，廣闢鄉村與山區產業道路，山區交通才漸改善，否則早期看診翻山越嶺是常事。

涉水差點被沖走

「我當軍醫回來不久，住在出磺坑轉溝水的黃鏡香太太（黃長輝的母親）生病嚴重，行動不便，因颱風剛過，後龍溪水很急，吊橋又壞了，只能從鱸鰻灘的灘尾涉水而過。那時溪水已經過膝，水流很急，我揹著出診包，手持竹棍，一步一步踩穩才跨步，好幾次差點被急流沖倒，好不容易才渡過三十公尺寬的急流，順利給黃太太打針施藥。」

謝春梅的福基診所在後龍溪北岸，轉溝水、出磺坑、河排、八燕坑、黃麻園、新雞隆、柑仔樹下、老雞隆在南岸，中平大橋未興建前，若逢冬季枯水期，可踩「石跳」（散落溪中露出的石頭）渡河；他以前有輛日產中古吉普車，亦曾墊石涉淺灘而過。若到夏季豐水期，兩岸交通得靠竹筏、線籠（流籠），但也要有人架設。

那時，他的姨丈張雲通、張雲金兄弟，豐水期常在老雞隆畚箕窩架設線籠，方便兩岸居民渡河。後來他在新雞隆開分所，由弟弟謝春蘭負責看診，他才比較少到新雞隆、老雞隆一帶看診。

「春梅先生為了病人還曾游泳過急灘，有回他下鄉連續到河排、新雞隆、柑仔樹下看診，一天下來走了十餘公里山路，而診所又有急診病人等他，若走原路回來太累，也趕不及，他乾脆將看診包託人帶回，自己游過數一、二十公尺寬的後龍溪，抄近路回診所看病。」

謝春梅的「忘年之交」彭鈺明（一九四九年生）談起這段往事，謝春梅並告訴他，游泳渡急灘，要潛入水底，水才不會那麼急，也比較安全，這招是跟父親謝長煌學的。

醫師應有惻隱之心

「謝醫生，謝謝你醫好我的病，我真的沒有錢給你，抓一隻雞給你過年。」光復初期到民國四、五十年代，偏鄉很多家庭生活貧困，跋山涉水外診卻常拿不到醫藥費，但過年前一般都會主動來付，甚至抓土雞來抵；但謝春梅對家境真正窮困，付不起醫藥費者也就算了，畢竟救人第一。

謝春梅行醫七十餘年，碰過形形色色病人與家屬，多數為人篤實；身為醫師也應更有惻隱之心，致他下鄉看診，若碰到真正家徒四壁的，不是少收醫藥費，就是乾脆不收。

他舉例說，光復那年才十四歲的彭乾水，住在公館福德村東坑，父親彭萬生有六個小孩，家人有病痛，都找他看病，有時來診所，病重則出診。有回他到彭家看病，彭乾水與父親正在開闢河壩田，一坵田可能割不到兩擔穀，仍在搬石開田，生活實在太艱辛，家裡也沒錢，故他去看病，多數都沒收錢。

致彭萬生碰到他常說：「我們家的小孩是您幫忙養大的。」彭乾水也有同感。

幫家扶中心兒童義診

民國八十四年（一九九五年）三月一日全民健康保險開辦前，謝春梅對苗栗家庭扶助中心扶助家庭的兒童，早就開始免費義診，民國八十三年（一九九四年）他也榮獲苗栗家扶中心頒贈醫奉獻獎，表示感謝。

全民健保開辦後，謝春梅的福基診所雖沒有加入健保醫院，但許多病患仍然信賴他，他也視病猶親，不僅收費合理，也非常關懷病人，致很多老病患不到健保醫院看病，反而找他。

現在醫師很少下鄉出診，但他幾是隨傳隨到，很多臥床病人身體疼痛難耐時都找他，他到病榻旁細心把脈、打針、施藥、關心，讓病患的身心都得獲紓解，致很多病患家屬說：「春梅老醫師是視病猶親的典範。」

現在醫療分工精細，但謝春梅身為偏鄉醫師，卻是「內、外、婦、兒」科都通；他不僅這四科下了功夫，還分跟劉家樑、張純敏學過眼科、齒科，他的婦產科臨床是跟彭熙庚學的，而他接生的小孩最大的已七十二歲，當祖父了。

柑仔樹下婦人難產

「七十二年前銅鑼鄉新隆村東方山頂的柑仔樹下，有位婦人難產，她的先生姓鍾，大我一歲，太太跟我同年，小孩一直生不下來，痛苦不已。下午二點，鍾姓男子非常緊張，跑來找我外診，我到時婦人卻沒喊肚子痛，原來羊水已流乾，我馬上給她打子宮收縮劑，每十五分鐘打一次，約三小時後終順利接生了一位男孩，今年已七十二歲。」

謝春梅幫這位鍾太太順利接生第一胎，沒想生第二胎時仍舊不順利，依然請他去接生。他發現鍾太太出現胎盤早期剝離出血，非常危險，建議送到苗栗剛開業的葉婦產科醫院接生。

當天他陪著鍾太太跟著雇用的車子到苗栗，行經現銅鑼工業區附近，孩子就呱呱落地，後到醫院順利處理，是個女孩。

多數嬰兒產婆接生

「台灣光復後，產婦生產大都請產婆（助產士）到府上接生，早期公館地區的產婆有雷粉、邱戊妹、劉黃東洋、傅桂英、新雞隆有弟媳潘蓮招；碰到難產，或是流血不止，才會找醫師，致我下鄉接生，大都是碰到難產。」

早年產婦生產，因鄉下缺乏助產士，到日治初期，仍常由有接生經驗的老婦人擔任，非常危險，故早年有「不是雞酒香，就是四塊板」之說。直到台灣第一位女醫師蔡阿信（一八九九年—一九九〇年）於昭和三年（一九二八年）在台中創辦清信產婆學校，培養助產士，且醫學院也培養助產士才改善，劉黃東洋及三義著名的接生婆「勤英姑」賴勤英，都是清信產婆學校培養的產婆。

蔡阿信功在現代化接生

「蔡阿信第一任丈夫是留學日本明治大學的社會主義先驅彭華英，南投國姓客家人，抗戰前跟陳毓卿到大陸發展，兩人也離異。台灣光復後，陳毓卿、彭華英都返台，陳毓卿後擔任台灣煤礦公會秘書長，我的岳父劉東儒早期經營煤礦，陳毓卿到苗栗視察礦業，曾跟我談了這段彭華英『離妻赴陸』往事，後來彭華英擔任省民政廳長楊肇嘉的主任秘書。」

謝春梅對台灣醫療史亦有研究，他佩服蔡阿信是一位了不起的女醫師，後來跟英裔加拿大牧師吉卜生結婚，並在加拿大行醫，活到九十二歲高齡。蔡阿信不凡的人生被東方白（林文德）寫成大河小說《浪淘沙》，民視並於二〇〇五年拍成電視劇，他每集都看，感人肺腑。劇中演蔡阿信（丘雅信）的是葉歡、演彭英（彭華英）的是霍正奇，飾演兩人媒人蔣渭水的林鴻翔，是他小姨子（劉蓮英妹妹）的兒子。

謝春梅說，早期缺乏產婆，由有經驗老婦接生，最常引發破傷風，有產婆後情況大為改善，這方面蔡阿信貢獻很大。一般產婆幫人接生，洗完澡就走，但有些產婦在小孩產下後，子宮收縮不良弛緩性出血，若請他接生，都會再注麥角子宮收縮止血劑，以求安全。

碰到子宮外孕婦人

「近五十年前公館北寮有位四十餘歲的謝太太，肚痛難耐，凌晨三時叫我去看，發現月經已一、兩個月未來，內出血嚴重，我認為是子宮外孕，連夜坐我新買的裕隆一千二百西西速利汽車到苗栗葉婦產科，葉律明醫師問我是什麼症狀？我說應是子宮外孕。他反問『你不是婦產科，你怎知？』我說是我的診斷。」

葉律明是台大醫學院畢業，跟謝春梅同年，後來葉律明診斷跟他幾乎一樣沒錯。不過，葉律明並沒有處理，因他發現此婦人已到苗栗另一家醫院墮胎過，竟未發現子宮外孕，只拿止痛藥給她吃，因同行在地方有忌諱，後轉送到省立新竹醫院醫治。

身心靈醫師

「載春梅先生來屋下，幫阿爸注射吧！」陳日陞長謝春梅兩歲，兩人情同手足，陳日陞晚年每當病痛難耐時，第一個想到的是謝春梅，要兒子陳少君開車接來家裡打針。陳少君發現父親打針後，兩老在病榻有說有笑，不僅疼痛減輕，心情也好多了，視病猶親的謝春梅真是位身心靈醫師。

苗栗地方法院庭長宋國鎮的父母宋耀炎、宋曾台妹夫婦也是謝春梅的病人，分活到九十二歲、一百零二歲高齡，宋國鎮也因而與謝春梅結成「忘年之交」。

宋國鎮說，父親七十五歲中風，母親身體還硬朗，都由母親陪同給春梅先生看病，直到去世；母親年邁時病痛多，也靠春梅先生照護，致謝春梅可說是他父母的家庭醫師。

前民生報記者劉榮春的舅舅病痛難耐時，他也曾多次載謝春梅到家裡打針，感覺舅舅經謝醫師打針施藥後，身心狀況也好多了。

在公館，獅潭、大湖、泰安、獅潭類似病患很多，這二十年來謝春梅的診所雖沒有健保，但很多病患依賴、信賴他，仍舊要給他診療，他真的是偏鄉醫療守護神。

重溫行醫路線

謝春梅的老鄰居曾鴻文，曾任福基國小校長，也是謝春梅的「忘年之交」，民國一〇七年（二〇一八年）夏他常開休旅車陪老醫師下鄉，讓謝春梅重溫當年跋山涉水的行醫路線。

從銅鑼老雞隆柑仔樹下、公館出磺坑、河排、大湖法雲寺、獅潭關牛窩、十六份四，泰安龍山部落、石壁窩、烏石壁……謝春梅不僅對地方小地名知之甚詳，哪兒有住戶，哪兒有他行醫過的病人，哪兒有聚落，也如數家珍。

他站在法雲寺遠眺水尾坪及對面山巒，他說有炊煙的山頭他都去過了，以前只能車行到山腳下，完全靠兩腳跋山涉水，是真的「行醫」；法雲寺有株老松樹幾要兩人才能合抱，七十年前樹圍也沒那麼大。到獅潭竹木村關牛窩的蓮台寺，寺內工作人員與附近居民都認識他，因他以前也常來此地行醫。

謝春梅站在獅潭十一份四山頭，對面是海拔二千公尺上下的仙水山、盡尾山，山下是汶水溪，他遙望對面山巒說，這一帶的聚落他以前也常跑，水淺涉河，水深坐線籠，雖已隔數十年，卻彷彿昨日。

▲謝春梅展開行醫回顧之旅，在大湖法雲寺一棵松樹前合影（左上圖）。他說七十年前還很小株，現已長成巨木。他在獅潭鄉十一份西山頭，遠眺汶水溪兩岸山頭說，這一帶的山澗聚落都有他行醫的足跡。

參與地方政治

謝春梅關心地方政治，首屆縣長選舉，劉定國遭黃運金控告具有軍人身份，進行第二輪投票前，劉定國一度考慮棄選，他到場高喊：「怎可棄選？」獲得在場大老附和，結果劉定國當選縣長，但被判當選無效，上任三天即下台。

民國四十七年（一九五八年）謝春梅當選第六屆公館鄉民代表，並當選副主席，民國五十年（一九六一年）初被國民黨拱出來參選縣議員，但上午登記下午就接到軍醫徵調令，中斷他參選之路，之後他的如夫人劉蓮英始連任四屆縣議員。

到劉定國競選總部聲援

「第一屆苗栗縣長選舉，採絕對多數制，醫界大都支持黃運金，我也不好反對，第一次投票黃運金贏，未過半數；進行第二輪投票前，黃運金已控告劉定國具有軍人身份，並宣稱當選也會無效，致劉定國競選總部一度連招牌都卸下來。我仗著年輕氣盛到總部高喊：『怎可棄選？招牌應重新掛上！』結果獲得總部多數大老附和，重掛招牌，士氣大振，第二輪投票劉定國也當選縣長。」

謝春梅會有驚人一吼，是因他與石圍墻鄰居陳北開熟識，陳北開與劉定國是公館農業專修學校同學，而且公館醫師楊日恩也是劉定國的妹婿，劉定國的妹妹劉喜松嫁給楊日恩，劉喜松的姐姐劉順松跟他則是同學。

謝春梅說，那時劉闊才支持劉定國，競選總部就設在劉闊才南苗住家，劉定國到日本留學時，受丘念台影響到南京報考中央軍校從軍。光復後劉定國返台擔任新竹縣團管區司令，被視為「半山」，結果第二輪投票劉定國雖當選，但法院判當選無效，上任三天即下台，苗栗縣長也進行補選。

選舉選人不選派

「第一次縣長選舉，黃運金、劉定國都沒有當上縣長，後重新公告登記選舉，到第三次投票時，才形成賴順生與李白濱之爭，江嶸基醫師是賴順生的助選員，要我支持賴順生，我也支持，結果賴順生也當選，江嶸基也出任衛生院院長。」

謝春梅在地方政壇，因他曾支持劉定國，岳父劉東儒、同年好友劉開英都是劉派，致一般人都認為他是劉派，但事實上他劉、黃兩派都曾支持，賴順生就屬黃派。

「第二屆縣長選舉，國民黨提名劉定國，醫界與青年黨支持苗栗致和醫院院長羅春桂，羅春桂娶『黃滿頭家』黃南球的屘女羅黃小蘭為妻，他跟傅添榮很好，到選戰後期聽說遭到情治人員跟監，我還到競選總部了解；因劉定國是公館人，多數公館人都支持劉定國，結果劉定國當選第二屆縣長。」

萬里紅酒家事件

劉定國當選縣長後，劉闊才召集劉派幹部在台北北投萬里紅酒家協商縣府主任秘書人選，劉闊才希望用鍾建英，但劉定國堅持要用梁勁光，兩劉意見爭執不下，劉闊才氣得捶桌，手遭打破的玻璃杯刺傷，鮮血直流，結果不歡而散，從此劉派分裂。「萬里紅酒家事件」謝春梅沒有在場，第三屆縣長選舉劉定國再擊敗黃派的何允文，順利連任。

「劉定國連任縣長後，公館鄉長謝阿盛是我與劉定國的國小老師，劉定國大我九歲，比我早畢業，第六屆公館鄉民代表選舉，縣長、鄉長都鼓勵我參選，結果順利當選，還當選副主席。」

早期醫師、老師勇於參政

謝春梅投入地方政治，除了劉定國、謝阿盛鼓勵外，公館早期醫師楊日恩、傅家霖、江嶸基、吳遠球都曾參選鄉民代表或縣議員，也影響了他，其中楊日恩當選一、三屆縣議員，傅家霖第二屆縣議員，江嶸基、傅家霖、吳遠球與他都當選過公館鄉民代表，江嶸基也選過縣議員，可惜敗北。

不僅醫師參政多，日治時期畢業於台灣總督府國語學校的徐定標、黃玉盛、謝阿盛、劉賡鳳，在地方政壇也嶄露頭角，徐定標擔任公館庄役場首任庄長，期間是大正九年（一九二〇年）四月到昭和二年（一九二七年）四月；他卸任後庄長由黃玉盛接任，直到昭和十一年（一九三六年）三月才由日本人森山彌一接任。

台灣光復後，劉賡鳳當選副鄉長，謝阿盛則當選第二、三屆公館鄉長，兩位分是謝春梅公館公學校一、二年級的導師。

謝春梅說，早期台灣總督府國語學校與醫學校，是台灣最好的兩所學校，畢業生皆是地方菁英，他們勇於參政，問政品質也佳；不像目前許多知識份子不敢參政，真是不可同日而語。

第四屆縣長選舉，劉闊才爭取國民黨縣長提名落榜，國民黨徵召林為恭同額選舉，輕鬆當選，也看得出國民黨在落實「黃劉兩派」輪政。

劉蓮英連任四屆縣議員

「第四屆縣議員，公館鄉選出劉開英、吳元鐘（外省籍、獲出磺礦場支持）、與陳華木；第五屆劉開英無意連任，國民黨要我選，但上午登記，下午就接到軍醫召集令，中斷我的參選之路。」

民國五十年（一九六一年）初，謝春梅奉調擔任軍醫，否則以他當時的人脈當選應不成問題。直到民國六十二年（一九七三年）三月十七日第八屆縣議員選舉，國民黨始提名他的如夫人劉蓮英參選，並順利連任了八、九、十、十一屆縣議員。

支持林為恭連任

「第五屆縣長選舉，劉派推出邱慶彰，我雖被認為是劉派，也認識邱慶彰的父親邱賢添、姑姑阿戊姐（助產士邱戊妹），阿戊姐還是我老師劉賡鳳的夫人，但我跟林為恭也熟，且認為以邱慶彰的實力選不上，故我還是支持林為恭。」

林為恭爭取連任，除了公館外，全縣其他鄉鎮都贏，公館會輸，原因有二，一是受阿戊姐的影

▲苗栗縣政壇黃劉派掌門人黃運金（右）、劉闊才（左），晚年握手言和。照片／吳喜松提供。

響，二是林為恭說他南莊礦業大學生滿山滿坑，引起年輕人反彈不滿。最尷尬的是鄉黨部書記江聰仁，他曾擔任林為恭的秘書，邱慶彰又是他台大政治系同班同學，他只好向林為恭「負荊請罪」。

謝春梅支持林為恭另一因素是，兩人都熱中體育，他也擔任鄉體育會理事長，而且林為恭對縣政的推動頗有作為。

未支持周廷鑫感抱歉

「周廷鑫是我師兄，兩人都跟周朝棟學醫，周廷鑫從第六屆起當選縣議員，我的太太劉蓮英則第八屆才當選，第九屆縣議會議長、副議長選舉，有意角逐議長的林火順早就來拜託，後來周廷鑫也想爭取議長，並透過他的親家江順平來找我，因我已答應林火順在先，對師兄只好說抱歉了。」

▲謝春梅（左）與已故縣長黃文發合影。

第九屆議長、副議長選舉，周廷鑫與巫綮旭搭配競選，敗給林火順、劉碧良這組人馬。謝春梅雖未能支持周廷鑫，但並未影響師兄弟情誼，周廷鑫學醫很認真，勤作筆記，也比他先通過乙種醫師定檢定，送他參考的手抄講義，他至今仍珍藏著。

謝春梅的四女謝玉婉嫁到台中，在台中市參選過，後回苗栗家鄉投入第二屆國大代表及第二屆立委選舉，第二次並以朱高正組的社民黨名義參選，兩次

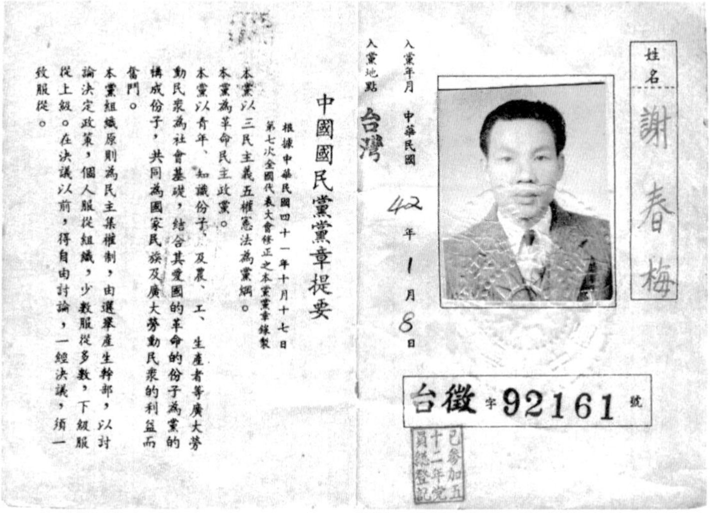
姓名　謝春梅

入黨年月　中華民國 42 年 1 月 8 日
入黨地點　台灣

台徵 字 92161 號

已參加五十二年黨員總登記

中國國民黨黨章提要

根據中華民國四十一年十月十七日
第七次全國代表大會修正之本黨黨章錄製

本黨以三民主義五權憲法為黨綱。
本黨為革命民主政黨。
本黨以青年、知識份子、及農、工、生產者等廣大勞動民衆為社會基礎，結合其愛國的革命的份子為黨的構成份子，共同為國家民族及廣大勞動民衆的利益而奮鬥。
本黨組織原則為民主集權制，由選舉產生幹部，以討論決定政策，個人服從組織，少數服從多數，下級服從上級。在決議以前，得自由討論，一經決議，須一致服從。

▲謝春梅於民國四十二年加入國民黨。

都落敗。謝春梅也知道女兒參選當選機會不大，他並未阻擋，還支援她好幾百萬元競選經費。謝玉婉後英年早逝，他也協助拉拔她的三個兒子長大。

黨齡早超過六十年

「我於民國四十二年（一九五三年）一月八日，與劉開英（一九二二年—二〇〇七年）、王定松、謝阿輝同時加入國民黨，劉開英與我同年，我只比他早生兩小時，早期兩人並不熟，劉開英二十三歲當選福星村長，我也二十三歲當醫師，兩人才來往密切，成為同年知己。謝阿輝在水利會服務，王定松在黨部服務。」

謝春梅的黨證號碼是台徵字第九二一六一號，至今黨齡已有六十五年，而他也擔任過公鄉鄉民眾服務分社理事長、常務理事，目前的鄉黨部土地，還是當年以他名義購買的。

當了半年軍醫

民國五十年（一九六一年）初，謝春梅被徵調當了半年軍醫，中斷了他參選縣議員之路。半年期間他診療軍長張光智次子得了肝炎，需要送醫驗血治療；又幫另位外省籍軍醫陳譽人作媒，娶了一位賢慧的客家美嬌娘。

當選代表會副主席

「公館醫師早期參政的很多，江嶸基、楊日恩、傅家霖，以及我的舅舅吳遠球，都曾當選鄉民代表或縣議員，民國四十七年（一九五八年）第六屆鄉民代表選舉，我在鄉長謝阿盛的鼓勵下出馬參選，結果順利當選，並成為副主席，主席是周洪傑。」

鄉鎮代表會本只設有主席，沒有副主席，從第六屆開始增設，謝春梅本以醫師看診很忙婉拒出任副主席，但鄉長謝阿盛是他國小二年級導師，縣長劉定國也同是謝阿盛的學生，都希望他出任，任期從民國四十七年（一九五八年）六月一日至民國五十年（一九六一年）五月三十一日。

謝春梅擔任第六屆代表會副主席時，公館鄉內第四屆縣議員是劉開英、吳元鐘與陳華木。第五屆縣議員選舉，他的同年好友劉開英無意連任，縣長林為恭、國民黨苗栗縣黨部主委張雲漢希望他遞補劉開英之缺，登記參選縣議員，但謝春梅並無意願，並搬出父母為「擋箭牌」。詎料，張雲漢竟說已跟他雙親講好，令他與劉開英不知如何是好？

收到軍醫令 參選獲解危

「我幾遭『半綁架』下，在縣黨部辦妥登記，並抽籤第三號，但上午登記抽籤，下午卻收到軍醫召集令，當時議長魏綸洲等人還透過團管區等單位，反映到師管區詢問，是否可以緩調，但師部表示沒有前例，結果我順利『脫身』，未再參政，並當了半年軍醫。」

民國五十年（一九六一年）一月十五日至七月十五日，謝春梅被徵調到台北縣樹林第三軍擔任少尉軍醫，在軍部連擔任醫官。第五屆縣議員選舉，因他未參選，公館鄉當選兩席是陳華木與周洪傑，致代表會主席也改選，由詹為琛當選主席，他連一任代表會副主席都未做滿，主席交接典禮他因在軍中也沒參加。

軍部連有兩位醫官，除了他外，另外一位醫官是外省籍的陳譽人。軍長是張光智中將，軍部另有四位少將，分是副軍長陳玉玲、唐敬賢、政戰部主任任景學與參謀長彭明輝。

十一個孩子的父親

「以前被徵調擔任軍醫者，幾不參加朝會、跑步，但我完全依照部隊規定辦理，那時我的兩個太太共生了十一個子女，我完全按照軍部正常作息，沒有任何特權，令他們刮目相看，佩服我是他們少見自我要求甚高的軍醫。」

擔任軍醫一個星期有一天外宿假，謝春梅有輛一五〇西西鈴木機車，每星期都樹林、公館來回，那時車輛少，單程約一個半小時，薪水比照美軍顧問團待遇，有時還要到頭份斗換坪給新兵辦理體檢。擔任軍醫半年，福基診所由他的弟弟謝春蘭負責，碰到特殊病人則等他休假回鄉再看診。

診斷軍長兒子得肝炎

「軍中病人不多，軍長張光智的長子念成大應用數學系，次子在志成補習班補習，面黃肌瘦，有天我去看電影，軍長打電話給營長，要我幫軍長的兒子看病，營長開吉普車來找我，我建議軍長將兒子帶到部隊讓我治療，我診斷是慢性肝病，給他吃藥打針，而軍長平均每天打三通以上電話來關心。」

軍長兒子經謝春梅診療一個多星期，狀況大有改善，氣色也好多了，有天軍長來看兒子，軍部四位少將也在場，他建議軍長小孩最好再抽血檢查，以確定病因。軍長質問：「病況已有改善，有抽血必要嗎？」並將軍醫組長王武傑上校找來商量。當天是週末，他回鄉休假，星期一他回部隊，已決定送到軍醫院抽血檢查，結果證實是慢性肝炎。

當時協助驗血的是國防醫學院畢業的童瑞欽，也認為他的決定是對的，童瑞欽後來在沙鹿開設童綜合醫院，在中部醫界享有盛名。軍長兒子痊癒後，軍長還指示侍從官打電話給謝春梅，由衷感謝其將兒子的病治好。

回鄉幫醫官作媒

「軍部另位軍醫陳礐人還沒結婚，他見軍部一位軍官娶了位家住大湖的車掌小姐，非常漂亮，婚後也幸福美滿，因車掌小姐的妹妹也很漂亮，陳礐人非常中意，要我幫忙作媒。」

謝春梅有成人之美，假日返鄉乃請兩位太太協助奔走，發現這名小姐的哥哥在大湖國中教書，是兒時玩伴邱炎勳姨媽的女兒，結果促成這門親事。

結婚時席開五、六十桌，要謝春梅致詞，他開玩笑說他只是參謀，主要媒人是兩位太太，他們婚後生子，還帶禮物來感謝，之後並常有來往。

看軍中鬥爭內幕

「弟弟謝春蘭當兵時，在高雄岡山曾參加軍事教導團，訓練中心主任是孫立人，孫立人曾說：『省主席（暗指陳誠）不放你們回家，我放你們。』弟弟回鄉告訴我此事，我感覺孫立人似乎沒把陳誠放在眼裡，後來孫立人升任陸軍總司令。之後，蔣介石要到陸軍十九師閱兵，卻傳出有人子彈上膛，那時師長是張光智少將，郭廷亮是中校，因郭廷亮曾任孫立人的參謀，孫立人因而引咎辭職。」

▲謝春梅曾獲總統蔣中正致贈玉照。

早在日治末期，謝春梅就知道孫立人是中國名將，那時他在台大醫院受訓，他看到《台灣日日新報》報導，英軍在緬印邊境遭日軍包圍，台大醫院有位教授在課堂上還讚揚日軍英勇，沒想到卻未續聞捷報，原來是孫立人率領的中國遠征軍即時趕到解圍，並將日軍殲滅。這位教授在醫院的洗手檯不禁喃喃自語：「大和魂完了！大和魂完了！」

民國四十三年（一九五四年）中美簽訂共同防禦條約後，蔣介石認為與美方關係良好的孫立人（一九〇〇—一九九〇），已無利用價值，遭到軟禁；而郭廷亮不久也遭逮捕，並遭羅織匪諜罪名。

謝春梅到第三軍擔任軍醫，張光智已升任中將軍長，那時「白色恐佈」仍在軍中瀰漫，而軍中要角也幾有人脈，如第三軍軍長張光智是參謀總長彭孟緝的表弟，參謀長彭明輝是彭孟緝的弟弟，為肅清匪諜，蔣經國建立的政戰系統，在軍中控制得非常嚴密。

劉定國是個大清官

「參謀長彭明輝常問我劉定國兩任縣長幹得如何？應該賺了不少錢吧！似乎很關心苗栗政情，經詢問才知他與劉定國是中央軍校同學。」

謝春梅告訴彭明輝，劉定國是他公館同鄉，非常清廉，是個窮官，連年節送禮都常是省議員藍茂松幫他送的，擔任第二、三屆縣長時真的是兩袖清風。劉定國卸下縣長後，國民黨徵召林為恭當選第四屆縣長，他擔任代表會副主席任內經歷了這兩位縣長。

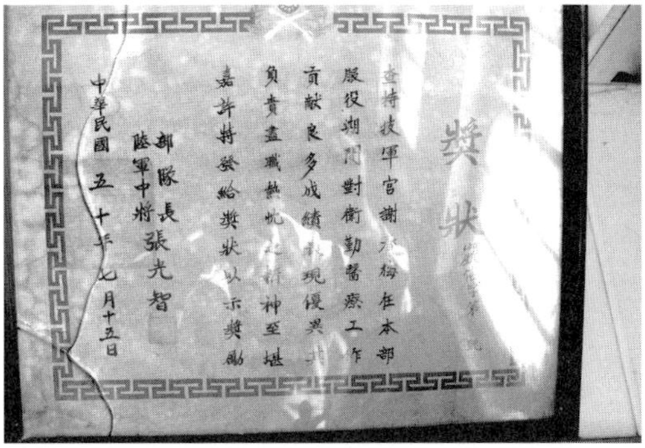

獎狀

查特技軍官謝[illegible]梅在本部服役期間對衛勤醫療工作貢獻良多成績[illegible]現優異[illegible]負責盡職熱忱[illegible]神至堪嘉許特發給獎狀以示獎勵

部隊長　陸軍中將　張光智

中華民國五十年七月十五日

▲謝春梅當了半年的軍醫，軍長張光智頒贈獎狀嘉勉。

預備幹部適任證書

謝春梅　民國十一年十一月六日生

台灣省苗栗縣人於四十二年七月三日

在國防部地方醫事人員衛生勤務講習班講習期滿核定適任業科預備軍官此證

參謀總長　周至柔

中華民國[illegible]

預醫字第01276號

▲謝春梅參加國防部醫事衛生訓練，授予預備軍官證書。

「查特技軍官謝春梅在本部服役期間，對衛勤醫療工作貢獻良多，成績表現優異，其負責盡職熱忱的精神至堪嘉許，特發獎狀以示獎勵。」謝春梅於民國五〇年（一九六一年）七月十五日離營，軍長張光智親頒獎狀，以肯定他半年軍醫生涯的貢獻。

當了三十一年家長會長

謝春梅除了行醫，也關心地方教育，從民國四十七年起擔任福基國小家長會長，直到民國七十八年才卸任，共擔任了三十一年的家長會長，民國九十五年該校慶祝建校六十週年，校長曾鴻文撰文感佩地說，學校成立一甲子，謝春梅擔任家長會長過半，是「地方教育的領航者」，對地方教育的貢獻無人能及。

「福基國小是日治末期經地方抗爭才設立的，那時福基、石墻、福德、開礦等地的孩童上學仍要長途跋涉到公館國小，對幼童而言非常不便。陳漢初、楊新木、劉東儒等地方鄉賢向公館庄長森山彌一提出建議，但開始時遭森山庄長與公館國小校長橋邊一好反對，地方曾以罷課為由展開抗爭。」

地方抗爭才設福基分校

謝春梅小學念公館公學校，即深感對公館南區學區上課不便，尤其是開礦、福德兩村，致學童入學年齡偏高，地方仕紳為了地方學子受教權展開抗爭，也引起新竹州政府重視，曾派高等刑事秋原到地方調查，約談帶頭的陳漢初等人，發覺地方的確有需求，才於昭和十七年（一九四二年）初獲准設立公館國小福基分校。

民國八十五年（一九九六年）邱德煥主任訪問鄉賢劉開英、陳北開，在「創校史話」亦記錄了這段歷史：

▲謝春梅擔任福基國小家長會長三十一年，畢業典禮致詞勉勵同學。

公館鄉福基、石墻、福德、開礦地區，居民多賴農耕維生。台灣光復前，農村子弟皆遠至公館國校就讀，路途遙遠，交通不便，極為辛苦。地方人士陳漢初、林登、陳阿榮、楊新木、劉東儒等有鑑於此，乃積極奔走，爭取設校。當時公館學校校長橋邊、庄長森山皆不同意設校，陳漢初等揚言南區子弟將罷學抗議。

消息驚動新竹州知事，視陳漢初等為擾亂份子，並指派新竹州高等刑事秋原至福基派出所調查。福基派出所主管塚田與陳漢初尊翁陳捷順私交甚篤，其舅父為總督府警視廳長，蒙其從旁協助，終獲同意於取得校地後准予設立分教場，並訂明一至四年級在福基就讀，五、六年級需在公館就讀。

幾經溝通洽商，終獲曾榮盛、曾開福等先生慨允撥地一．九三四二公頃，由庄役場撥款七千二百元價購。創校籌備會便向政府申請設校，終於昭和十七年（一九四二年）二月十五日，獲准設立公館國小福基分校。民國三十五年（一九四六年）九月奉准獨立，改稱新竹縣公館鄉福基國民學校[1]。

從舅舅手中接下會長

「我一生有三個職務是接『遠球舅』（吳遠球）的，他是新竹岩田醫院院長吳遠裕的堂弟，他在吳遠裕那兒當醫療助手時，被徵調到海南島擔任醫護人員，助手職務由我來接；另兩個職務是公館鄉民代表及福基國小家長會長。」

吳遠裕大謝春梅十二歲，小孩也比較大，民國四十四年（一九五五年）十月至四十七年（一九五八年）九月擔任福基國小家長會長，卸任後由謝春梅接任，那時甥舅

1 邱德煥〈創校史話〉，收錄於《福基國小建校六十週年》專輯，二〇〇六年。

▲謝春梅（前右）與師生、家長們打成一片。

分在福基開業，謝春梅在上福基開「福基診所」，吳遠球在下福基開「福明診所」。

甥舅情誼深厚

「吳遠球在新竹擔任醫療助手時，看上一位念新竹女中的女孩，寫情書請這位女孩的朋友轉信，沒想到這位受託轉信的朋友，後來竟愛上吳遠球，成為『遠球舅母』。吳遠球到海南島時，太太帶著小孩住在上福基，就在我目前診所的斜對面，前後有六年之久，直到光復第二年遠球舅才返鄉，先在這棟矮屋執業，後來才搬到下福基開業。」

謝春梅、吳遠球分在上下福基開業，兩人分是甥舅、師兄弟關係，但醫療是良性競爭，並不影響甥舅情誼，謝春梅對舅舅也非常尊重。

台灣光復後，吳遠球也參政，當選第三、四、五屆鄉民代表，第六屆不想連任，才由謝春梅當選第六屆鄉民代表，並當選副主席，但任內突然被徵調當軍醫，吳遠球第七屆再任一屆代表。

謝春梅說，舅舅吳遠球生有一男六女，他接下家長會長後沒幾年，因小孩漸長，吳遠球也搬到台北開業，致其後裔現也沒有住在福基一帶。

推薦王松申當校長

謝春梅接福基國小家長會長時，也擔任公館鄉體育會理事長，縣長林為恭非常熱衷體育，那時福基國小校長陳毓琳（前國大代表陳運棟的父親）已退休，由謝春梅小學同窗王松申，以教導主任代理校長，已近半年仍未派校長，他認為這樣下去不是辦法。有年縣運在卓蘭舉行，他騎摩托車載選手到卓蘭比賽，在台上與林為恭隔鄰而坐，趁機提醒林為恭：

「請問縣長，福基國小校長出缺半年多了，為何一直沒有派？」

「那我有打算，你有適當人選嗎？」

「縣長會尊重我推荐的人嗎？若要我推荐，我建議由王松申主任升任。」

「不行，他是桃園農校畢業的，我要正統師範畢業的。」

「王主任光復後有再念師範。」

謝春梅回憶說，當天林為恭雖沒有承諾派王松申接任校長，他也沒有告訴林為恭縣政府水土保持課課長徐滌源是王松申的妻舅，徐滌源擔任過林縣長的機要秘書，是林為恭的愛將，結果隔沒多久就派王松申擔任福基國小校長，證明林為恭是用人唯才。

從子女輩當到孫子女輩

「王松申後調鶴岡國小校長，之後又回任福基國小校長，而我擔任福基國小家長會長三十一年，因我重視體育，福基國小學童的體育表現，往往比學生數較多的中心學校公館國小還好。」

謝春梅的家長會長職務，從子女輩就讀，當到孫子女輩就讀，可說當了兩代人的會長，校內重要建設或重要活動缺乏經費時，都由他帶頭捐獻、募款，所花費的經費早已多到無從算計。熱心體育的他，不僅福基國小運動成績在縣內一直名列前矛，公館鄉運以前分福基、公館、鶴岡三組競技，福基也一直都表現優異。

大女婿是王松申么弟

王松申是石圍墻庄王添郎、吳善妹夫婦的長子，王添郎曾任石墻村長。王松申大謝春梅一歲，兩人是國小同學，王松申十歲入學，謝春梅九歲入學，王松申娶徐定標的女兒徐海妹為妻，而徐定標是介紹謝春梅學醫的恩人；徐海妹小時候也是謝春梅的祖母謝乙妹帶大，雖小他兩歲，因她叫祖母奶媽，他仍以「海妹姑」尊她，沒想到海妹姑嫁給同窗。

「王松申有五兄弟，他最小的弟弟王炳興，畢業於逢甲大學國貿系，後來成為我的大女婿，娶我長女謝玉枝為妻，謝玉枝畢業於淡江大學外文系，曾在公館國中任教一陣子。四十八歲那年不幸得了卵巢癌去世，她是位非常優秀的女兒，她的英年早逝，是我人生最大的痛。」

民國一〇六年（二〇一七年）底王炳興到福基診所看岳父，送來兒子娶媳的喜帖，謝春梅高興地也到台北參加外孫的婚禮，但想到英年早逝的女兒，在歡愉的婚禮場合仍不禁濕了眼眶。

搶救農藥中毒自殺與蛇咬

老一輩常說，以前水圳、水田到處都是蜆、螺、泥鰍，民國四、五〇年代化學肥料、農藥大量使用後，這些生態已不復見。化肥、農藥的使用，雖大幅增加農作物產量，但使用農藥不當中毒，甚至作為自殺工具也頻傳，幸偏鄉醫師謝春梅守護，及時救了多人。

苗栗縣田野、山林毒蛇常出沒，時傳有人遭毒蛇咬傷。謝春梅的診所隨時備有血清，數十年來救了不少遭毒蛇咬傷者。

日治時期台灣農業幾還沒有使用農藥、化學肥料，農作物養份大都靠堆肥、水肥，產量雖不高，但是有機，食用安全，那時家家戶戶養禽畜，禽畜糞便就是最好的肥料。

台灣開始普遍使用化學肥料，是台灣光復以後，民國三十五年（一九四六年）台灣肥料公司成立，中美合作的苗栗尿素廠（慕華公司）也於民國五十一年（一九六二年）設廠生產，員工薪水很高，是當時地方人士最想進入服務的公司。

備有機磷中毒解毒劑

「農藥、化肥的大量使用，讓農作物產量大增，但相對地，農藥使用不當中毒或自殺事件也頻傳，在民國四、五〇年代，我的診所隨時都備有『百益能氯』注射液，就像台灣光復之初白喉病流行，他隨時都準備白喉血清一樣，是救命必備藥；而百益能氯是有機磷中毒解毒劑，注射後可以快速解毒。」

謝春梅搶救農藥中毒病患，若是因噴灑時未注意風向，吸入些許農藥，或是衣物被農藥沾上中毒，因非服農藥，中毒較輕微，一般只要注射百益能氯注射液，體內毒素很快就能經由腎作用而排泄尿中，或經由肝臟代謝，解毒康復，但若服農藥自殺就嚴重了。

一般農藥屬於有機磷劑，當有機磷農藥中毒時，體內的膽素脂酶會被抑制，而東洲化學製藥廠出產的百益能氯，能將抑制復活，使膽素脂酶再度活化發揮作用，故「百益能氯」是有機磷農藥中毒的解毒良藥。

一月三起農藥自殺

「我曾在短短一個月內，遇到三位農藥自殺的病人，前兩位是跟家人、太太吵架，一氣之下服下農藥，另一位是太太連生三子都因腦部基因病變過世，他難過到在自己的柑橘園服農藥自殺，幸我隨時備有百益能氯注射液，都及時將三位從鬼門關救回來。」

這三位服毒自殺者，一位是住在出磺坑已八十歲的劉老先生，他跟家人吵架，服下農藥，出現抽筋、冒冷汗現象，謝春梅據報及時趕到他家，施打百益能氯後，再載到診所觀察，吐得滿病床，使整個病房都是農藥味。另一位藍姓男子也是夫妻吵架服毒，及時發現，被他救活。

謝春梅搶救的服毒自殺者中，令他一生難忘的是一位原住在獅潭鹽水坑的男子，這名男子雖搬到苗栗住，但信賴他，家人有任何病痛仍找他看病。無奈的是這名男子的太太連生三子，都因腦部基因病變過世，他也無能為力，後來竟想不開。

連三子夭折　服農藥自殺

「這名男子的太太生第一胎後幾個月，發現孩子身體虛弱，骨骼很軟、眼神呆滯，異於一般嬰兒，揹來給我看。我懷疑是遺傳性問題，明白告訴她自己沒有能力醫治，建議她帶到省立新竹醫院治療看看。」

謝春梅看著她含淚離去，於心不忍，很後悔對這位太太講話太直接了，結果這個小孩帶到省立新竹醫院醫治也沒醫好，未滿一歲就過世了。沒想到這位太太生的第二個孩子，又出現同樣症狀，並再揹來給他看，他也愛莫能助，也建議她請教更高明的醫師，甚至考慮莫再生育。但沒想到她生第三胎，同樣夭折。

有天，突然傳出有名男子在獅潭鹽水坑柑橘園服農藥自殺，被人發現，緊急送到福基診所，謝春梅一看竟然是連續三子夭折的苦命爸爸，馬上幫他施打百益能氯注射液並灌腸，幸他服的量不多，且及時被發現，救回一命。

這位男子被救回後含著淚說，他連生三子都夭折，人生還有什麼希望？在噴灑農藥時，突然想不開。謝春梅勸他，若是跟遺傳基因有關，可考慮不生，以領養小孩方式來傳宗接代。

兩位庄民未救到

「農藥中毒重在搶時間，並不在於醫院設備的好壞，石圍墻內亦曾傳出兩起農藥自殺案件，一姓謝，一姓余，都未送到我的診所，反送至台中的醫院急救，因時間耽誤，沒有救活，非常遺憾。」

謝春梅認為農藥自殺搶救，分秒必爭，大都送往台中，耽誤了搶救時間，反而無效。農藥的發明，對防農作物病蟲害是有功，但有陣子卻成為最容易取得的自殺工具，甚至還曾發生誤食事件，致以前的農藥罐子都會加上骷髏標誌提醒。

診所備血清　搶救遭蛇咬

「苗栗縣田野、山林較常出沒的毒蛇有雨傘節、眼鏡蛇、龜殼花、赤尾鮐，一旦人遭咬傷，會出現神經或血管中毒現象，必須及時注射血清排毒，否則會致命，數十年來我救了不少人。」

這四種毒蛇，以龜殼花最常咬傷人，其次是赤尾鮐，被雨傘節、眼鏡蛇咬傷者也有，但比較少，被這些毒蛇咬傷，必須在兩小時內注射血清，否則會有生命危險。謝春梅的診所主要服務偏鄉民眾，大家都知道他的診所隨時備有毒蛇血清，在田野、山林工作，一旦遭毒蛇咬傷，都緊急送到他的診所注射血清排毒，全都化險為夷。

令謝春梅印象最深刻的有兩人，一是彭金華被雨傘節咬傷，另一是羅慶娘被眼鏡蛇咬傷，到診所時已出現昏迷現象，經及時注射毒蛇血清，兩人都救治成功康復。

毒蛇血清貴，又有時效性，逾期只能作廢，但謝春梅救人第一，從光復初期到健保開辦前，他的診所隨時都備齊血清，數十年間救人無數。

葛樂禮颱風與大水材

清末、日治時期常遭山洪侵襲的公館鄉，台灣光復後沿著後龍溪廣建堤防，百姓生命財產安全漸獲保障，但在民國四、五〇年代仍遭受三次大水災侵襲，石圍墻庄首當其衝，都擔心後龍溪堤防潰堤會淹沒村莊，幸都有驚無險。

光復後的三次大水災

「公館最嚴重的水災應該是民前一年（辛亥年，一九一一年）的『水打七十份』，那是日人據台後，在河頭（福基）建堤防後所造成的後龍溪改道。那年大水災後，公館最嚴重的水患有三次，分是民國四十八年的『八七水災』、五十二年的『葛樂禮颱風』與民國五十八年的『艾爾西』颱風，後龍溪堤防都差點斷礐（潰堤）。」

在上福基開設「福基診所」的謝春梅，目睹河頭（福基）、石圍墻、福星一帶環境的變遷，他認為光復後水患減少，是因政府從河頭到尖山廣建了堤防，不過前三次的大水災，河頭、石圍墻仍一片汪洋，後龍溪山洪亦超過河川警戒線，村民都擔心會潰堤滅村。

這三次水患在苗栗縣，他覺得以八七水災災情最慘重，他舅舅吳遠裕第三任妻子彭秀英的娘家，即三義首富彭李榮的家族，有兩房遭土石流掩埋，死了多人[1]。石圍墻、河頭的堤防也岌岌可危，居民大都先疏散到福基國小避難，葛樂禮颱風情況更是危險，大家都擔心會潰堤，幸都有驚無險，兩次山洪是都順水流。

福基國小位於謝春梅診所東北側的上坪，因位於山坡上，地勢很高，成為每次山洪暴發村民最佳的避難場所。

大家搶搬大水材

「葛樂禮颱風山洪夾著土石流，沖下有史以來最多的大水材（漂林木），第二天水還未退，家家戶戶都動員搶搬，父親水性佳，還冒著湍急的洪流搶『註』材質好的漂流木，結果被湍急的洪流捲入河底，約一分多鐘

▲葛樂禮颱風山洪沖下大量漂林木，後龍溪河床擠滿撿大水材的人潮。

1　何來美撰〈八七水災〉，收錄於徐永欣主編《三義鄉志》下冊，二〇〇九年三義鄉公所，頁480。三義鄉全鄉有三十七人罹難，其中彭屋有十五人去世，原因是陸軍在雙湖村三角山開路建陸軍電台，因未做好水土保持，加上暴雨，一夜之間整座山的山石夾著山洪沖下來，掩埋了彭屋伙房，彭屋幾被活埋了兩房人。

頭才冒出來，急壞岸邊的人，原來他潛入水底，洪流才沒那麼湍急，游到對岸，搶『註』了一株漂流木。」

在公館現年逾六旬的鄉民，多少都有搶搬大水材的記憶，謝春梅在山洪期間更是關注河川警戒動態，對庄民搶搬大水材的景況也記憶猶新。而公館庄民篤實，漂流木被人「註記」後，一般人都不會搬，但早期缺乏下河床的交通工具與大型機械，有些巨木被註記後也無力搬運，最後也變別人的。

那年筆者剛升上公館國小四年級，家父何有坤（一九二八年—二〇一三年）駕駛長頸鐵牛車載貨營生，葛樂禮颱風後每天忙著幫鄉親載運大水材，從清晨忙到深夜，一天跑了十餘趟，小賺了一筆「大水財」。

筆者四叔何有北、五叔何有森共同擁有四輪傳動拼裝車，能下河床載運砂石，也搬了好幾塊可做桌椅的漂流木，給剛要結婚的屘叔何有榮做圓桌與圓凳。

感謝河頭伯公庇佑

後龍溪堤防經葛樂禮颱風洪流沖擊，幸未斷磬，地方人士認為河頭伯公有庇佑，也感謝河神沒有肆虐，從那年起每年河頭都舉辦普渡法會，後每年改為農曆七月初一舉行，至今未中斷，只是普渡法會沒有早期盛大而已。

筆者父親那時除忙著幫鄉親載運漂流木，普渡當天也跟著父親到縣議員陳華木開的輾米廠，運來滿車的米包到河頭普渡，場面非常盛大，普渡後並有流水餐會。因父親還要載大水材，要筆者顧好米包，到晚上九、十點仍不見父親前來，隆隆的河水聲、陣陣的犬吠聲，令人不寒而慄，正害怕得想哭時，遠遠傳來父親「啼達」、「啼達」的鐵牛聲及吆喝聲，頓時高興得流下眼淚，恐懼也一掃而空。

那時二期稻作正要抽穗，父親擔心感染稻熱病，當天深夜回到家後，他仍揹著噴霧器到田裡噴農藥，忙到沒日沒夜。那年父親才三十六歲，為了妻小，有如「鐵牛」般耐操，如今已做古五年多，令人不勝唏噓。

謝春梅說，半個多世紀來他家每年都會備祭品參加普渡，希望河頭伯公、河神庇佑地方，風調雨順，國泰平安。

自家杉木竟成漂流木

「民國五十八年（一九六九年）中秋節，艾爾西颱風來襲，帶來大量豪雨，發現後龍溪有不少大水材是杉木，我請工人上山查看，發現竟是自己種的杉木因土石流被沖下，心疼不已。那年苗栗龜山大橋南端橋墩也被沖走，交通一度中斷。」

謝春梅從民國四十二年（一九五三年）起，與邱華燈（前中國石油公司台灣油探勘總處處長）的父親邱其銘合夥，在林務局大湖事業區四十五林班國有林地（泰安鄉錦水村）造林，邱其銘佔三分之二股份，他佔三分之一，約有六十五公頃，都種植杉木。

造林護水土　政府未重視

他說，這些杉木已種了六十五年，早期每年要雇工上山除草四、五次，並要施肥，為了管理還搭建了鐵皮工寮，花了不少造林經費，且早已成材，但每次申請開路政府都不准，認為會影響水土保持，致無砍伐，政府也不承購補償，至今連一毛錢也未回收。

▲◀謝春梅（上圖右）在泰安鄉造林，並建了工寮，他八十餘歲仍上山看林木生長情況。

謝春梅造林後幾每年上山，最後一次上山是八十二歲那年，他看政府不重視也灰心了，至今已十五年沒上山。他曾拜託立委徐志榮向林務局反映，結果也沒有用，他感嘆六十餘年來出錢出力，為政府造林，保護山林，難道沒有一點功勞，一點補償嗎？

天生玩家　熱心體育

謝春梅從小喜歡運動，富冒險開創精神，年少迷上撐竿跳高，考取少年飛行學校，廿歲考取駕照，開吉普車穿越河床；他也自製笱仔、線笱捕具，到後龍溪捕捉魚蝦，到年近九旬仍樂此不疲，可說是「天生玩家」。

他曾擔任公館鄉體育會理事長、縣排球委員會、縣田徑委員會委員多年，出錢出力，對縣內體育的推動，功不可沒。

從小喜歡運動

「我小時候營養不良，發育慢，公學校畢業時還很矮小，拍畢業團體照被排到第一排。但我從小愛玩，從石圍墻到隘寮下（公館）上課，都常手滑鉛線輪，邊滑、邊跑到學校，故我的體能不錯。」

謝春梅身高最高一百六十三公分，體重最重五十五公斤，常維持在五十二公斤，前幾年因骨質疏鬆，施打骨泥，身高僅剩一百五十七公分。施打骨泥影響食慾，體重一度跌到只剩四十一公斤，最近已增胖至四十三公斤。已九十七歲高齡的他，仍行動自如，還能幫人看病、打針，下鄉驗屍，他認為得自他從小愛玩，喜歡運動。

「我從小愛跑、愛跳，因身材矮小，沒有當過選手，但我常跟選手們練跑，主要跑中距離，八百或一千五百公尺，小學同學吳思源、吳紹光兄弟，跑得比我快，我常跟他兄弟一起練跑。我也喜歡撐竿跳高，小時候在家中禾埕挖個洞就練跳，在操場我跳過二公尺六〇。」

報考少年飛行兵

昭和十三年（一九三八年）謝春梅瞞著父母報考陸軍航空少年兵，展現了他從小敢冒險、敢嘗試的性格，他到台中考場應試，十五名考生中只有他是台灣人，第一關體檢與體能測驗，有五人被淘汰，他順利通過，證明他體能不錯。後來他也錄取熊谷飛行學校，卻因偷刻父親印章報考，加上父母親反對，身家調查未通過，沒有入學。

「靠山吃山，靠水吃水」，後龍溪是石圍墻庄民的母親河，後龍溪也成為天然的牧場、漁場與泳池，早期家家戶戶都養牛，男孩假日要負責放牛，而牧童將牛用麻繩綁在堤防邊，讓牛在河床內吃草後，就跳進溪中水潭戲水、抓魚，不亦樂乎！

放線笱抓魚蝦為樂

後龍溪是石圍墻庄民的漁場，溪哥、泥鰍、河蝦、鯰魚、鱸鰻很多，穿龍圳將溪水引進庄內，溝渠遍布庄內家家戶戶，早期沒有農藥、殺蟲劑，溝渠內蜆、螺處處可見，庄民也常撈來煮食。

謝春梅從小看長輩在後龍溪抓魚，洪水過後溪水混濁，可用釣的，也可在急流處架網立竹竿攔魚群；或是在魚蝦活躍處放石堆、置網，讓魚藏在石堆內，後再將石頭撿起，魚兒無處躲，就能一網成擒。不然就用竹蔑做毛蟹笱、蝦公笱、線笱，再放餌，讓魚、蝦入笱。

謝春梅對放線笱、毛蟹笱、蝦公笱非常感興趣，當做行醫之餘的樂趣，他到年近九旬還自製線笱到後龍溪放餌抓魚蝦，且樂此不疲。

謝春梅的姨丈張雲通是後龍溪的捕魚高手，他的兒子張秋台說，父親生前在後龍溪放石堆、置網抓魚，常是一抓就好幾水桶，致他的童年不缺魚蝦蛋白質營養。

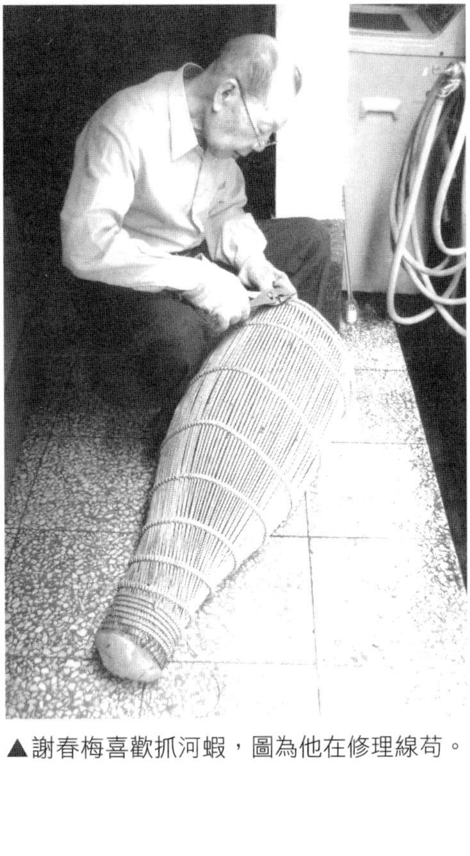
▲謝春梅喜歡抓河蝦，圖為他在修理線笱。

廿歲開始玩汽車

謝春梅在新竹跟舅舅吳遠裕學醫，昭和十六年（一九四一年）五月十二日考取汽車駕駛執照，常開車載舅舅下鄉行醫、驗屍。台灣光復後，他在福基開診所，買了輛英國奧斯汀舊車，成為公館最早的「有車階級」，但因缺乏零件，修理不易，開了一、兩年就報廢了。

「我二十歲就考取駕照，比醫師前輩劉肇芳、江嶸基早了一年，奧斯汀舊車報廢後，再買一九三七年出廠的日產吉普車，我常開著下鄉看診，冬天溪水少，我還沿著砂石車路開到銅鑼、新雞隆、老雞隆一帶看診。」

謝春梅的鄰居劉阿雙、徐運生是中油員工，分大他兩歲、小他一歲，也喜歡玩車，假日常跟他出門看診、玩車，碰到河床淺灘幫忙墊石，涉淺灘而過，甚至幫忙推車，真的是跋山涉水。在中平大橋未興建前，他可能是最先開車經過牛背山豬哥寮崎者。

這輛陪伴謝春梅的吉普車後來也淘汰，有陣子他改騎重型機車，民國五十年（一九六一年）一月十五日他被徵調到樹林當軍醫，每星期從樹林回公館，就以重型機車代步，一個多小時就到了。

謝春梅說，公館街上最先開車的是他與江嶸基，江嶸基喜歡研究車子，常拆卸，致江夫人雷菊碰到他說，連她都很少坐；劉肇芳則是愛護車子如寶貝，有輛日治時期的本田機車，維修了五、六十年還能騎，視同骨董，沒想到晚年卻遭人偷竊，讓老醫師心痛不已。

之後，謝春梅換了好幾部車子，直到八十來歲，子女考慮他的安全，他才沒開車，下鄉看診由護士賴明珠開車。

擔任體育會理事長

「民國四十九年（一九六〇年）我接任公館鄉體育會理事長，那時林為恭當縣長，特別重視體育，常招兵買馬，延攬優秀選手回鄉賣力，致苗栗縣是體育大縣，不僅田徑表現出色，建台中學與公館初中的男、女排球，亦享譽全台。」

有次縣運，公館鄉與苗栗鎮在苗栗大同國小爭男子排球冠、亞軍，還是打九人制，謝春梅與林為恭都在旁觀看，只見球在空中飛了好幾分鐘，殺聲震天，林為恭也起立鼓掌叫好。林為恭卸任前，頒發推動體育有功人員獎狀給謝春梅，現獎狀還在，但縣長名字章已褪色到看不清楚了。

▲謝春梅昭和十六年（一九四一年）就考取汽車駕駛執照。

推展體育出錢出力

謝春梅也擔任苗栗縣排球委員會委員、縣田徑委員會委員多年，他是醫師，獎勵運動主要是健身，得名次獎牌是其次。

謝春梅也常載選手出外比賽，提供食宿經費，頒發優勝獎金，致福基國小的體育風氣一直很盛，雖然學生人數沒有公館國小多，但成績常常超越公館國小，以當年最盛的國小躲避球比賽來說，公館就常敗給福基。

支持江聰仁選縣長

民國七十年（一九八一年）底縣長選舉，謝春梅首次與他的同年好友劉開英不同調，劉開英支持劉派且是國民黨提名的謝金汀，他則支持國民黨違紀參選的江聰仁，原因是他學醫參加檢定考，江聰仁的父親江嶸基對他有指導、鼓勵之恩，江嶸基病重時也曾託孤。

爭縣長提名菁英輩出

第九屆縣長與七屆省議員選舉同時舉行，國民黨提名階段就菁英輩出，爭取縣長提名者有謝金汀、邱慶彰、江聰仁、張秋華、宋淵貴、張紹焱、張鏡明、范榮源、江新元、謝壽榮等十人登記，每位都是高學歷，且是四十出頭的各界菁英。黨內初選教育局長張紹焱因有廣大教育系統支持，拔得頭籌，但因在黨中央缺乏人脈，最後呼聲最高的反而是謝金汀、邱慶彰。

謝金汀是高等法院推事，有司法院長黃少谷與立法院副院長劉闊才（一九一一年—一九九三年）支持；邱慶彰是行政院副院長徐慶鐘的機要秘書，最後謝金汀獲提名。劉闊才是劉派掌門人，也推出兒子劉國昭競選省議員，與謝金汀（一九三六年—二〇一七年）搭配參選[1]。

1　何來美《劉黃演義》，台北台灣書店，一九九七年，頁136–137。

江聰仁（一九三四年—一九九八年）與連戰、許世楷（曾任駐日代表）、邱慶彰、邱創壽（銅鑼人、錢復的連襟）是台大政治系同班同學，當選第七屆公館鄉長後未尋求連任，志在參選省議員，國民黨卻一再忽視他。

國民黨一再忽視江聰仁

民國六十六年（一九七七年）的四項公職（縣長、省議員、鄉鎮長、縣議員）人員選舉，國民黨提名現任省議員魏綸洲、林佾廷、黃秀森爭取連任，江聰仁爭取提名再度落空，致票源最廣的山線地區未提人選，票源最少的中港溪流域反提名林佾廷、黃秀森，造成山線地區選民大反彈，結果「黨外」傅文政喊出「南方大團結」，以最高票當選，前縣長黃文發之子黃秀森落敗。

民國六十九年（一九八〇年）增額中央民代表恢復舉行，張戊基當選增額國大代表，江聰仁得了四萬七千餘票，以最高票落敗。民國七十年（一九八一年）第九屆縣長與第七省議員選舉，江聰仁見國民黨為了讓劉國昭報備參選省議員，再度遷就派系世家，又未提名他，十月十日雙十節，在太太公館國中老師魏玉英陪同下，悄悄辦理縣長候選人登記。

江聰仁辦妥縣長候選人登記，讓爭取連任的「黨外」省議員傅文政鬆了口氣，並積極找他搭配參選，引起國民黨緊張，省黨部主委宋時選、縣黨部主委于宗海及青工會主任連戰都勸他退，並將安排他任黨職，但他堅持參選到底[2]。

2　同註1，頁135–138。

受命勸退江聰仁

「國民黨提名謝金汀後，江聰仁仍登記參選，縣黨部主委于宗海要求我與江聰仁的表哥林培麟、姐夫徐金錫、劉開英等人勸江聰仁撤銷登記，並認為我最有說服力，但江聰仁堅持要選，我只有支持。」

謝春梅的太太劉蓮英是縣議員，也尋求連任，黨部雖以提名與否給他壓力，而他內心也曾掙扎，但在勸江聰仁退選未成後，他轉而全力支持江聰仁，原因是他感念江聰仁的父親江嶸基對他的指導、鼓勵之情。

候選人登記後，只要將戶籍遷出就喪失候選人資格，最後期限是十月二十五日光復節國定假日，公館戶政事務所為便於他遷戶籍，還特別派人加班，連戰也以同學之情打電話勸退，表哥林培麟更是措詞強硬，當天筆者也在江宅採訪，但江聰仁意志堅定，競選到底。

那年縣長、省議員選舉，在山線地區謝金汀與劉國昭搭配，傅文政支持江聰仁，競爭相當激烈，在公館鄉激發鄉民大團結，少數支持謝金汀的劉派要角遭批評「賣鄉」，還有人被掛「豬頭殼」。

回報江嶸基的指導、鼓勵

「我在勸退江聰仁未成後，轉而全力支持他；而劉乾伊、我的同年好友劉開英等多位劉派要角則支持謝金汀，跟我不同調。我這樣做，主要是回報江聰仁父親江嶸基（一九一〇年—一九四九年）對我學醫的鼓勵與指導，而且江嶸基在三子江友仁病逝，且病重時，曾拜託我長子江聰仁念政治，未來若參政，請給予牽成。」

▲江嶸基是公館名醫，常鼓勵謝春梅參加乙種醫師檢定考試。

江嶸基生於福星村，幼年雙親去世，由伯母養大，新竹中學畢業後，考上總督府醫學專門學校，畢業後在公館開設濟陽醫院，是繼周朝棟之後，在公館開業的第二位西醫。

在周朝棟長安醫院當助手的謝春梅，從小佩服江嶸基，他的姨丈張雲通昆仲，除佃耕也兼抬轎營生，江嶸基常乘坐張雲通的轎子下鄉行醫。知道謝春梅準備醫師檢定考，碰到他除了鼓勵，還拿醫事檢定考的講義給他，結果江嶸基所提供的內分泌資料，讓他在檢定考時得了滿分，答案連出題的日籍教授都嘉許。

病重拜託多牽成江聰仁

台灣光復後，江嶸基受首任縣長賴順生之託，出任苗栗衛生院院長，並當選館中村長及公館鄉民代表，但選縣議員卻落敗。他寄望長子江聰仁學醫繼承衣缽，但江聰仁對學醫沒興趣，念台大政治系。江聰仁四年級時日本自民黨青年學生代表團到台灣訪問，海部俊樹任自民黨青年黨部幹事長，由他與同學邱創壽負責接待，建立深厚友誼[3]。

3　同註1，頁432。

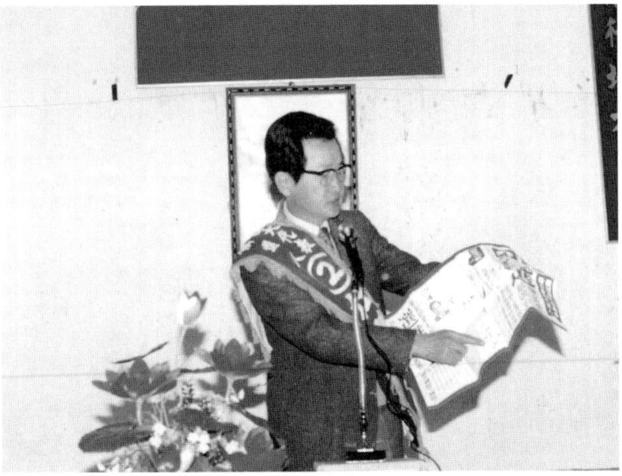

▲江聰仁曾當選公館鄉長、國大代表，圖為他參選國大代表發表政見。

民國四十七年（一九五八年）「八二三」砲戰，江聰仁正在金門當兵，他託日本友人海部俊樹[4]申請早稻田大學獲准，但沒想到隔年江嶸基因病去世，身為長子的他，只好放棄留學，留在公館初中教書。

謝春梅說，江嶸基娶產婆雷粉的妹妹雷菊為妻，是蓬萊護理學校畢業，在馬偕醫院當護士，婚後夫妻相扶相持，懸壺濟世，但沒想到江嶸基中年卻先遭喪子（三子江友仁因白血症去世），再發現自己感染肝疾，在雙重打擊下，有天跟他說長子江聰仁對學醫沒興趣念政治，未來若走上參政之路，請多予支持。

江嶸基是他的父執輩，江聰仁的太太魏玉英與他二太太劉蓮英又是省立苗中初中部同學，致江聰仁決定競選到底後，他也義不容辭全力支持。

台大菁英之戰

這場選戰，縣長有謝金汀、江聰仁、張鏡明、黃昌文、張榮顯登記參選；省議員國民黨提名林佾廷，讓縣議會議長林火順及劉闊才之子劉國昭報准參選，傅文政、陳文輝、劉秋閏則以無黨籍參

4 海部俊樹（一九三一年生），名古屋人，曾出任第七十六、七十七屆日本首相。

選，六人競逐三席。

選戰開打到選前幾天，局勢漸明朗，縣長主要是謝金汀與江聰仁之爭，兩人分畢業於台灣法律系、政治系，是場台大菁英之戰；省議員則是林佾廷、林火順、劉國昭與傅文政四強爭三席的局面。

而謝金汀與江聰仁的台大菁英之戰，被政壇視為是繼首屆縣長補選，最後形成賴順生（一九〇八年—一九九二年）與李白濱（一九〇七年—一九七七年）的東京帝大與京都帝大之爭[5]以來，素質最高且最激烈的一次。

謝金汀驚險當選縣長

投票前幾天，支持江聰仁的義工大量湧入，公館鄉親也出錢出力動起來，投票前三大在省立苗栗操場的公辦政見會，湧進近兩萬名聽眾，當江聰仁演講完畢聽眾走了大半，選前最後一晚在公館的政見會，聲勢更是一面倒，給謝金汀極大威脅。

十一月十四日投票揭曉，謝金汀以九萬五千零六十三票當選縣長，江聰仁以八萬零六百六十六票落敗。江聰仁在苗栗、公館獲壓倒性勝利，銅鑼、頭屋、西湖、獅潭也贏，但其他鄉鎮都輸，

5　苗栗縣首屆縣長選舉，本是黃運金與劉定國之爭，採絕對多數制，首次投票黃運金贏，因未過半數重新投票，由劉定國當選縣長，但他仍具有軍人身份，經黃運金提告，被判當選無效，上任三天下台重選。重選有黃發盛、黃焜發、張子斌、楊日恩、賴順生、李白濱、邱克修等七人登記，首次投票出席人數未過公民數一半，再進行二次投票，仍無候選人過半數；最後由得票前兩名的賴順生、李白濱進行第三輪投票，由東京帝大畢業的賴順生當選，京都帝大畢業的李白濱落敗。

謝金汀主要贏在頭份與海線四大鎮。另三人得票數，張鏡明二萬二千九百一十五票、張榮顯一萬五千九百三十三票、黃昌文一萬零四百九十四票。

省議員選舉，林佾廷以六萬五千一百七十七票最高票當選，傅文政在江聰仁搭配下，在苗栗、公館、銅鑼地區大勝，以四萬八千六百二十二票第二高票當選；林火順以四萬七千五百四十五票「吊車尾」當選；劉國昭在山線地區與謝金汀搭配參選，遭與江聰仁搭配的傅文政窮追猛打，得了四萬七千三百八十八票，以一百五十七票之差落敗。

這場選戰不僅劉派少主劉國昭高票落敗，謝金汀也贏得驚險。事後劉派幹部檢討，認為不少劉派幹部拿劉闊才父子的資源，去支持小劉派的林火順，致接著的鄉鎮市長與縣議員選舉，大劉派決定斬小劉派幹部「腳筋」報復，結果小劉派幹部有多人中箭落馬[6]。

民國七十五年（一九八六年）底的增額國大代表選舉，有江聰仁、葉英秀、鄧維賢、顏培元四人參選，主要是江聰仁與葉英秀在拚，葉英秀是縣府機要秘書，受到縣長謝金汀與劉派全力支持，他則獲黃派支持，有如「江謝對決」的延長賽，結果江聰仁以八萬九千三百八十三票當選，葉英秀以六萬二千零五十八票落敗。

民國八十七年（一九九八年）江聰仁因一場重感冒引發併發病症辭世，享年六十五歲。他未繼承父親衣缽學醫，但兒子江上佑、女兒江令楣、女婿何子昌都學醫，都是眼科醫師，傳承祖父。次子江上彬、次女江凱莉則學工。

6 同註1，頁138–143。

與劉開英情同手足

謝春梅與已故縣議員劉開英同年同月同日生，台灣光復後，謝春梅、劉開英分是全鄉最年輕的醫師、村長；謝春梅以醫術享譽地方，劉開英則以文采受到敬重，鄉內多座寺廟的沿革出自他的手筆。

謝春梅的屘子謝其忠娶日籍媳婦宮田由加里，劉開英都陪同到日本提親、迎娶；劉開英病危彌留時，到病榻見他最後一面、話別的也是謝春梅，兩人相知相惜，情同手足。

隨母姓頂劉家

「劉開英跟我同年同月同日生，我只大他兩小時，我九歲、他十歲入學，故公學校晚我一屆畢業，我住在石圍墻，他住在楓仔坑，日治時期並不熟，直到台灣光復，我在上福基開設福基診所行醫，他被選為福星村長，兩人始熟識，並相知一生。」

劉開英的父親林阿基是西湖鄉鴨母坑人，入贅楓仔坑劉屋，與妻子劉長妹生有四男四女，長子劉開煥、三子劉開英，抽「豬母稅」頂劉姓；次子林水源、四子林燕堂則隨父姓。

民國三十四年（昭和二十年，一九四五年）十月二十五日，台灣行政長官陳儀在台北公會堂（中山堂）代表總統蔣中正，接受台灣末代總督安藤利吉降書，台灣正式光復，政權移交國民政府。

最年輕的村長

隔年（一九四六年）一月，各縣市村里重新編組，召開村里民大會，選舉第一屆村里長，任期兩年，剛滿二十三歲的劉開英被推選為福星村長，在全鄉二十一村中最年輕，名醫江嶸基被推舉為館中村長，漢學家江連漢擔任福基村長。

當時採間接選舉，由村民大會選舉村長、鄉民代表，組成鄉民代表會，再由鄉民代表會選舉鄉長、副鄉長、縣參議員，組成縣參議會，再由縣參議會選舉省參議員組成省參議會，縣市長則是官派。

劉開英當選第一屆福星村長，公館鄉長由劉恩源當選、副鄉長是劉賡鳳，縣參議員楊日恩，那時公館鄉仍屬大新竹縣管轄，新竹縣選出劉闊才、林為恭、吳鴻森三席省參議員。

劉開英第二屆村長繼續連任，到第三任村長選舉時，因大陸淪陷，國民政府遷來台北，台灣行政區劃重新調整，並開始實施地方自

▲劉開英（右）與謝春梅情同手足，謝母謝吳新妹生日時，一起慶生。

治，省議員與縣市長以下的公職人員改為公民直選，他的福星村長棒子交給曾阿應，他轉而當選第三屆公館鄉民代表。

看父病形成莫逆

「我跟劉開英熟識，是因他的父親林阿基病重，常到他家看診。林阿基五十六歲過世，那時劉開英還沒跟太太劉黃阿蓮結婚。劉開英是公館農業專修學校畢業，不僅熱衷農業推廣，漢學素養也非常好，因兩人很談得來，形成莫逆。」

劉開英漢學佳，主要受兩人影響，一是母親劉長妹，另一是江連漢。早期婦女讀書識字的不多，但劉長妹的父親劉運榮是漢學家，從小受父親薰陶，加上她後來跟地方名儒楊新木學漢文，致劉長妹日治時期雖未正式入學，但漢學素養擔任中學國文老師已綽綽有餘。

▲謝春梅與劉開英常一起出國旅遊。

名儒江連漢、楊新木

「日據時期福基地區，江連漢與楊新木是最受人敬重的漢學家。日據末期我派任『福基戰時診療所』主任，招牌拜託江連漢寫；楊新木幼年研讀漢文九年，日人來台，念公學校速成科，再念總督府國語學校，擔任國小老師、校長，桃子滿天下，退休後再擔任保正。」

江連漢在福基經營雜貨店，生有浪平、定平、順平、治平、鎮平、榮平六子，他希望子女多念書，似未遂他所願，但三子江順平（一九一六年—一九八六年）後成為地方知名的企業家；江連漢婉拒做七十一歲生日，沒想到生日前幾天過世。

楊新木（一八八二年—一九六四年），生有日恩、日隆、日乾、日煥、日松五子，其中日恩、日煥、日松三子留日學醫有成，楊日松（一九二七年—二〇一一年）更是全國知名的法醫權威，靠刑事鑑定，破獲不少奇案。

江連漢、楊新木學問好，劉開英與江連漢同時當村長，也常向江連漢請益。

徵調當軍醫　議員未接成

「劉開英擔任兩屆福星村長後，再當選第三、四屆公館鄉民代表及第四屆縣議員，他無意連任，轉往農會系統發展。我雖登記參選第五屆縣議員，卻臨時被徵調當軍醫，致縣議員也未接上他的棒。」

謝春梅參選第五屆縣議員未成，直到第八屆他的太太劉蓮英才當選縣議員，且連任了四屆。劉開英後當選苗栗縣農會理事、監事，並當選多屆省農會理、監事，有年增額中央民意代表選舉，國民黨欲提名他角逐農民團體國大代表，因母親劉長妹不同意，國民黨乃提名蔡友土。

劉開英後擔任第十屆公館鄉農會理事長，總幹事是羅金海、常務監事陳貴麟。

與行修寺結緣

「父親出生時，因祖母奶水不足，是吮黃屋一位奶媽奶水長大，為讓父親好養，還塑了一尊佛像，供奉在公館大坑行修寺，致父親也與行修寺結緣。『行雲流水真空地，修竹黃花養性天』，行修寺大門這副對聯，出自清末秀才劉少拔手筆，但修建的沿革則是父親所撰。」

劉開英的兒子劉啟生說，大伯劉開煥留學日本大學，回國後在銀行界服務，擔任第一銀行經理，父親本來也想赴日留學，因留學花費甚大，考量家境沒去，轉而從事農業推廣。公館以前是洋菇產銷重鎮，父親也爭取在鄉內開闢多處苗圃，提供農村婦女農閒就業機會。父親熱愛文史，也結交楊新木、江連漢、陳漢初等地方名儒，知道鄉內很多人文軼事與傳說典故。

除了行修寺沿革是劉開英所寫，福基福靈宮、萬善祠與民國九〇年代改建的公館五穀宮沿革，也出自他的手筆。謝傳禎當鄉長時，編纂《公館鄉志》，劉開英與陳日陞都被聘為撰述委員。

仕路少拔　賦詩互諷

劉開英生前曾向筆者講述清末公館兩秀才湯仕路、劉少拔的趣事，日據初期湯仕路擔任公館區長，當官、富有；劉少拔（本名慶元、號雲石）抗日、未婚、窮困，一在朝，一在野，但不影響兩人交情。

劉少拔曾暗諷湯仕路，「前為清國秀才，恰似過時月曆；現任隘寮區長，儼然再嫁新娘。」湯仕路知道劉少拔率性，並不以為意。有年過年，湯仕路請劉少拔喝春酒，劉少拔看到豬肉湯，先揶揄「豬肉食忒湯鏡仙」；湯仕路馬上指著雞盤，回敬「閹雞畜久留老年」，還以顏色，兩人不禁相視大笑。

劉開英也佩服陳漢初，不僅撰《石圍墻越蹟通鑑》，最先寫石圍墻村史；對地方建設也先知先覺，曾建議出磺坑牛鬥口是最好的水庫壩址。

輔選精打細算

「劉蓮英第一次參選縣議員，請父親當總幹事，那年同鄉謝圓妹也出馬，爭婦女保障名額，春梅伯擔心選情不穩，再拿五萬元請父親補強，但父親分毛未用。春梅伯一度以為父親未盡力，兩人起爭執，這是我第一次看到同年兄弟臉紅脖子粗，結果劉蓮英仍高票當選。」

劉啟生回憶開票當晚，很多助選幹部擠在他家慶祝，「同年伯」反而有點不好意思，跑來他家向父親致歉，父親才直言說：「花錢誰不會？沒必要花就不要花。」父親幫同年伯省了五萬元競選經費，唯一要求是選舉慶功宴，每桌加兩道菜，同年伯當然答應。

同天迎娶兩門媳婦

「民國七十八年（一九八九年）一月十日，春梅伯一天迎娶兩位『心臼』，分是四子謝其昌、五子謝其欣娶妻，父親與我都擔任『且郎』頭，負責前往迎娶，父親到桃園迎娶謝其昌的太太鄭淑慧，我則到台中迎娶謝其欣的太太陳藝文，中午在福基福靈宮席開百餘桌宴客，喜氣洋洋，熱鬧非凡。」

謝春梅、劉蓮英夫婦同一天娶兩位媳婦，劉啟生很高興能同沾喜氣，謝其欣迎娶的陳藝文，是屏東縣里港鄉人，因迎娶旅程太遠，還前一晚住進台中的大飯店，以方便迎娶。

謝春梅的屘子謝其忠後跟日籍女子宮田由加里相戀，宮田由加里娘家在日本鹿兒島，從提親到迎娶，謝春梅夫婦也邀劉開英同行，有回在東勢谷關大飯店請客，劉啟生也擔任接送司機。

謝春梅與劉開英情同手足，他們到日本、南非與大陸旅遊也經常同行，關係有如一對「聖筶」，唯一立場不同是民國七十年縣長選舉，謝春梅支持江聰仁，劉開英幫謝金汀助選。

劉啟生說，父親與江聰仁也熟識，那年縣長選舉，謝金汀先登記候選人，而且在十月八日前已提供相片、身份證影本給謝金汀競選總部，答應擔任他的助選員，沒想到江聰仁十月十日也登記參選，父親守信，不能變卦；同年伯支持江聰仁，則是江嶸基生前有託孤之情。

含淚跟同年話別

「父親從無力騎機車到過世，只短短十天，僅讓子孫服侍了三晚，最後幫父親打針、話別的也是同年伯；父親過世後，骨灰罈有一年多暫放在福基葬儀社，每次同年伯去驗屍，都會給父親上香。」

劉啟生緬懷父親，民國九十六年（二〇〇七年）十二月十八日深夜父親疼痛難耐，要他開車載他給同年伯打針，但已無力行走，只好開車載同年伯到家。剛打完針，父親突然問同年伯：「我究竟得了什麼病，是不是肝癌？」同年伯答說：「不是，你好好休息。」只見父親臉往床內側翻身，未再言語，他載同年伯回去，回到家不久，十九日凌晨一點多父親就往生了，享年八十六歲。

「劉開英過世前十天，騎摩托車到診所給我打針，當天是福靈宮完福，他是主委，要到廟裡關心，我看他牽車踩油門的背影，幾乎站不穩，非常吃力，我怕他跌倒，在背後注意他騎車離去。」謝春梅早就診斷出「同年」得了肝癌，過世前幾天還去探望，見「同年」剛洗完澡，全身黃疸，感覺已病入膏肓，他不禁流下眼淚，同年真的要離他而去了。他直到同年臨終前一小時，仍沒有告知真正病情，是不忍增加同年的痛苦。

劉開英與黃阿蓮結婚，育有一子四女，兒子劉啟生與媳婦邱秀香開設新民托兒所，四女依序是素梅、素媛、素秋、素芳。劉開英過世已十年多，劉啟生待謝春梅如父，每隔三、二天就會到福基診所探望。

謝其宗的台日戀情

「我的屘子謝其宗與日籍媳婦宮田由加里雖已離婚，兒子也病逝六年多了，但情份仍在，每隔兩、三年都會從日本飛來台灣探望我夫婦，她仍是我的『心白』啊！」謝春梅談起屘子謝其宗的台日戀情，萬般不捨，眼角也泛著淚光。

兩人在北京相識

「其宗參加大學聯考當天，突然感冒非常嚴重，我擔心他體力不支，勸他不要去考，慢一年沒有關係，沒想到他後來想留學日本，用功自學日文，順利考進東京的日本大學念經營管理，畢業旅行在北京認識宮田由加里，進而相戀，結為夫婦。」

謝春梅疼惜屘子，謝其宗（一九六一年—二〇一一年）留學日本時，曾到東京探望。大學畢業前，謝其宗與留日保證人內藤辰貴，一起到大陸旅行，在北京住宿的飯店碰到宮田由加里。宮田由加里的父親以前在滿洲（東北）念鐵道學校，二次世界大戰結束那年剛畢業，那年父女是到東北旅遊，緬懷過去，重溫舊夢。

四人在北京一見如故，旅遊結束，宮田由加里的父親回到日本九州鹿兒島，宮田由加里回到東京，與姐姐一起在NHK做食品行銷廣告。謝其宗見宮田由加里在東京，兩人展開交往，感情快速生溫，進而論及婚嫁。

在東京訂婚、結婚

「宮田由加里的母親做裁縫已過世，父親住在鹿兒島，其宗與宮田由加里戀愛成熟，乃請內藤辰貴作媒，訂婚、結婚都在東京。我夫婦與我的同年劉開英都前往，婚禮非常熱鬧溫馨。內藤辰貴的太太很有錢，故他也跟妻子姓。」

謝春梅迎娶日本媳婦，回台在苗栗辦喜宴，也招待日本親友來台旅遊，於東勢谷關大飯店迎接日本親友，當天劉開英的兒子劉啟生也兼司機，載白天忙於看診的謝春梅前往。

「我的媳婦酒量真好，跟林火順（已故苗栗縣議會議長、省議員）喝大杯的，法官宋國鎮夫婦也有參加，場面熱鬧歡愉。」

謝春梅四子謝其昌那時在公館石圍墻經營柏納鞋業公司，專做各種運動鞋代工外銷歐美，小倆口婚後，謝其宗到公司幫忙四哥，負責接單、貿易工作；宮田由加里則到台灣師範大學進修中文。

▲謝其宗留學日本與日籍女子宮田由加里結為連理。

夫妻聚少離多

「其昌在『六四天安門事件』過後不久，就到廣東深圳寶安區設立松崗鞋廠，後再成立柏納鞋業，在台灣接單，大陸生產，並在中山、東莞後街相繼設廠。為了業務需要，其宗兩夫婦也到大陸幫忙，但宮田由加里似乎水土不服，乃返台，並一度在台北教日文。」

謝春梅發現媳婦無法適應大陸生活，除了她在廣州被搶過，大陸人較仇日，夫妻結婚多年膝下無子女外，她的父親一人住在鹿兒島，罹患攝護腺癌，也讓她不放心，乃回日本照顧父親。致夫妻聚少離多，婚姻也出現危機。

「東莞工廠是舊的、租來的，生產力不強，無法應付訂單，其昌又在中山投資一間工廠，我有過去看，但仍舊無法應付產銷。後來在東莞後街看了四甲地，再投資一億三千萬元生產，本來很順利，但生產三個月後大陸公安來刁難，指中山的廠租三百萬未付，要求馬上付，結果影響生產，造成周轉失靈破產。」

與陸籍女子生下一子

謝春梅見兒子辛苦十餘年的鞋業破產，父子都心力交瘁，謝其宗轉而到另家台商公司擔任經理，認識湖南籍的徐姓秘書，兩人近水樓台，產生愛情，後生下兒子謝易泰。

「日本媳婦在台灣前後住了近十五年，一直未生，她懷疑其宗生理有問題，其實是她不想生育。既然兒子已跟湖南籍的徐姓女子生下一子，夫妻希望好聚好散，她要求離婚，其宗也蓋同意書給她，日本法律男方同意就可以離，但台灣法律要夫妻一起去辦理才能離，結果沒有離成。」

在謝其宗與徐姓女子生下謝易泰之前，謝其宗與宮田由加里其實已分居好幾年，八年前宮田由加里由日本飛來台灣，探望謝春梅、劉蓮英夫婦，診所護士賴明珠負責開車接送。賴明珠目睹謝春梅在媳婦離開前，塞了一個大紅包給她當旅費，劉蓮英也買了一大包客家土產給她當伴手禮帶回日本，公婆愛媳之心溢於言表。

醫療疏失成植物人

「其宗後來決定返台，與宮田由加里辦理離婚手續，她也來台準備連袂辦理，詎料其宗檢查出罹患口腔癌，必須馬上手術，手術完成送到加護病房時，卻因拔完管後傷口出血，阻塞呼吸道處理延誤，竟變成植物人。」

專程來台辦理離婚手續的宮田由加里，本以為謝其宗手術康復後，可連袂到戶政事務所辦理離婚，沒想到他竟成植物人，謝春梅為讓媳婦能順利離婚，只好含淚拉著不醒人事愛兒的手，在離婚書上捺上手印，情景令人鼻酸。

這起醫療疏失官司，後來謝春梅具狀控告負責手術的醫院，至今官司仍未定讞。謝春梅五子謝其欣說，此手術主要是拔管後傷口出血未及時發現，阻塞呼吸，急救延誤，變成植物人。

宮田由加里目睹此景難過不已，她在台北旅館多待了四、五天，希望謝其宗有奇蹟出現，結果還是失望而返。一年後，謝其宗病逝，宮田由加里與徐姓大陸媳婦都來台弔唁，送丈夫最後一程，那年孫子謝易泰剛念國小一年級。

不忘來台探望公婆

「兒子去世六年多了，宮田由加里每隔三年忌日，都會來台灣看我夫婦倆，也會到劉開英家拜會。她很獨立、活潑，在日本沒有再嫁，在農場幫忙。雖然她已跟兒子離婚，兒子也去世了，但在情份上，她仍舊是我的媳婦。」

謝春梅、劉蓮英嘆自己兒子命薄，徐姓大陸媳婦後來再嫁，孫子謝易泰在大陸念國小一年級兩個月後，從大陸轉到台灣就讀，現已念公館國中二年級。謝其宗去世後，徐姓媳婦也曾多次來台探望兒子。

孫子獲頒總統教育獎

「孫子易泰以前每年都回大陸，與母親一起過年，直到前三年才留在台灣過年，但今年也回大陸陪媽媽過年，由我送到機場。飛到大陸，媽媽再來接，非常獨立，去年也獲得蔡英文總統頒發總統教育獎。」

鄰居有同齡孩子念館中，上課時謝易泰搭鄰居便車前往學校，下課時祖母疼孫，高齡八十三歲的劉蓮英常開車接他下課，祖孫情深。

謝易泰來台與爺爺、奶奶一起生活，和媽媽分隔兩地，剛開始有點不適應，但在爺爺、奶奶關心下，很快就融入台灣社會。他在校不僅成績維持在前十名，曾獲客語戲劇比賽全國第一名，且喜歡閱讀，對邏輯、推理也很有興趣，立志成為一名科學家。

謝易泰的優異表現經學校提報，民國一〇六年（二〇一七年）獲得總統教育獎殊榮，接受蔡英文總統頒獎表揚。

▲謝春梅歡度生日，與太太劉蓮英、孫子謝易泰一起慶生。

弟弟是最得力的幫手

謝春梅的二弟謝春蘭，十八歲跟著大哥學醫，成為他最得力的幫手，也在銅鑼新雞隆執業十餘年，對偏鄉醫療貢獻極大，直到六十歲才退休。謝春蘭娶潘蓮招為妻，育有四男一女，皆受高等教育，其中長子謝其文、四子謝其俊受伯父、父親影響學醫，現分在新竹、頭份開業；孫子女輩，亦有多人行醫、學醫，已成醫學家族。

二弟辭世　難掩落寞

「我二弟春蘭昨天過世，轉老家咧！半年多唔會講。」民國一〇七年（二〇一八年）元月三日下午，筆者到福基診所採訪謝春梅，談到一生跟他學醫、行醫的弟弟謝春蘭辭世，難掩落寞，眼角閃著淚光。

「春蘭小我六歲，生下來才一斤多，未足月，圓身（身軀）薄薄，肚子血筋都看得到，洗澡後父母還擔心能否養得活？父母工作忙，我在家常照顧他，因體重很輕，揹他到戶外玩耍，感覺好像沒有揹人似的。」

謝春蘭生於昭和三年（一九二八年）二月二十九日，碰到潤年，四年才過一次生日。他生下來身子虛弱，昭和十年（一九三五年）石圍墻大地震，也被埋在瓦礫中，到近中年才被人救出，竟奇蹟似地毫髮無傷；能活到九十歲高齡已是長壽，但謝春梅仍感不捨。

到銅鑼新雞隆執業

「春蘭公學畢業後，在家裡幫忙農事，昭和二十年（一九四五年）我在福基開業，他開始擔任我的助手，後來醫術越加成熟，偏鄉也缺乏醫師，乃以福基診所新雞隆分所名義，在銅鑼新雞隆看診。」

民國四十八年（一九五九年）謝春蘭到新雞隆執業，妻子潘蓮招也帶著兒子謝其文、謝其岡、謝其輝、謝其俊搬到新雞隆，並再產下女兒謝玉如。民國五十年（一九六一年）一月十五日，謝春梅被徵調到台北樹林擔任半年軍醫，謝春蘭曾回到福基診所幫忙。致謝春梅與弟弟的關係，就像日治時期他跟舅舅吳遠裕學醫一樣，是最得力的醫療幫手。

謝春梅說，台灣光復初期醫師缺乏，為方便偏鄉醫療，可設醫療分所，他也在新雞隆開分所，由弟弟負責，方便當地人士看診、拿藥。跨

▲左圖為謝春蘭與潘蓮招的結婚照。右圖為謝春蘭、潘蓮招夫婦與子女們合影，最右邊是姪兒謝其宗。

▲謝春梅（右）、謝春蘭兄弟情深，一起高歌。

公館、銅鑼的中平大橋，直到民國七〇年代謝金汀當縣長時才興建，致以前公館福基要到銅鑼新雞隆，得坐車到苗栗南苗轉車；不然要渡後龍溪，只能坐流籠，或乘竹筏過河。

子孫傳承衣缽

「弟媳婦潘蓮招家族非常優秀，她也教育有方，五個姪兒女皆受高等教育，長子謝其文、四子謝其俊、女婿張志良都當醫師，孫子女輩亦有五位行醫、學醫，已成醫學家族，傳承衣缽。」

謝其文、謝其俊都畢業於台北醫學院醫科，分發到長庚醫院實習，非常用心，後來在長庚都成名醫。謝其俊實習結訓時，還當著董事長王永慶的面，中肯提出建言，受到王永慶的賞識。

謝春蘭後來結束新雞隆分所業務，再回到福基診所幫大哥的忙，一直做到六十歲屘子謝其俊當醫師，並在頭份開業為止，長達四十二年。兄弟情深，彼此也沒計較。

視伯父為學習典範

「我爸偶像是伯父，一生跟著伯父學醫、行醫，連母親亦受大伯提攜，介紹到苗栗葉婦產科醫院，跟葉律明醫師學接生。父親在新雞隆執業十餘年，母親也在當地幫婦女接生，夫唱婦隨，對早期新雞隆山區的醫療貢獻很大。」

謝其文原念福基國小，一年級下學期轉學到新隆國小，從小目睹父母親在新雞隆行醫、接生，深感伯父對父母非常照顧，都視伯父為偶像；而伯父從一名醫療助手，勤於學習，鍥而不捨，在日治時期通過嚴格的醫師檢定及格，行醫濟世，也是他與弟妹學習的典範。

「民國六十一年（一九七二年）我考上台北醫學院，父親帶我見伯父，他非常高興，從那年開始，每學期的註冊費伯父都會幫忙，弟弟謝其俊後來念醫學院也是如此，致伯父亦是栽培我兄弟學醫的恩人。」

感佩母親重視教育

「新雞隆離銅鑼有十公里，新竹客運班車又少，我與二弟謝其岡念文林中學時，為免上學奔波之苦，母親將兄弟倆安排住在外公潘運亮家，從小學習獨立；舅舅、阿姨功課都非常好，兄弟亦受到他們影響，致我與弟弟初中畢業，分別考上台北建國中學、師大附中。」

謝其文感佩母親潘蓮招的苦心，她是長女，日治時期因家窮，念到高等科，大阿姨潘碧招也僅是國

▲謝其文、謝其岡、謝其輝、謝其俊（由左至右）四兄弟合影。

小畢業，但之後的舅舅潘文雄、潘文政、潘文昇、潘文邦、小阿姨潘秀雲都受高等教育，尤其潘文邦、潘秀雲年紀僅大他與弟妹幾歲，文中畢業都考上建中、北一女，也成為他們學習的榜樣。

謝其文說，小時候生活受到外公潘運亮、外婆林傳妹照顧。外公是理髮師，腦筋非常好，發明了燒木屑的爐灶；銅鑼火車站附近剛好有製材所，木屑免費索取，家中煮飯菜可免燃料費。舅舅學業、事業有成後，接外公外婆搬到台北住，銅鑼房產則留給二位姐姐，他們全家始由新雞隆搬到銅鑼街上。

城鄉教育有落差

「我在新隆國小是第一名畢業，獲得縣長獎，但我考建台中學國中進修部卻是備取，感覺城鄉教育有很大落差。」謝其俊國小畢業時，建台中學董事長黃運金請吳明波辦國中進修部，他漏了報名，母親帶著他去找吳明波，才讓他補報名，結果他的成績只是備取。但後來他還是念了三年建台進修部，考上台北成功中學，再考取台北醫學院醫學系。

謝其俊的三哥謝其輝則念公館國中，妹妹謝玉如念兩年建台後，轉回文林國中，後來也考上台北中山女高。除了謝其文、謝其俊學醫，謝其岡、謝其輝、謝謝玉如分是輔仁、中興與淡江大學畢業，謝其岡畢業後開設捷報貿易公司，謝其輝、謝玉如也同在公司服務，在貿易界做得有聲有色。

兄弟跟隨名醫有成

謝其文、謝其俊兄弟都先在長庚醫院服務，謝其文專攻心臟科，前長庚醫院副院長洪瑞松是他老師，曾陪李登輝赴日就醫，他離開長庚後到新竹市開設惠民醫院。謝其俊專攻內科，後轉小兒科，在長庚、台北馬偕服務後，回到苗栗頭份開設祥安診所、公館開設祥恩診所。

「若說日治時期開啟台灣醫療現代化的是後藤新平，那麼帶動近代台灣醫學科技化的則是長庚醫院創辦人王永慶，他從美國延攬名醫吳德朗回國創辦長庚醫院、並請洪瑞松擔任副院長，兩位都是心臟科權威，長庚引進歐美先進醫療設備技術，提升台灣的醫療水準。」

謝其文在長庚專攻心臟科，跟隨吳德朗、洪瑞松，學到最新的心導管手術等醫療技術，後來他到新竹開設惠民醫院，也是在新竹第一個幫老婦人裝心節律器的醫師；後來弟弟謝其俊也到長庚實習，同樣受到王永慶賞識。

謝其文說，民國七十年代吳德朗、洪瑞松領導的長庚醫院，引進歐美最新醫療設備技術，進而刺激台大、榮總、三軍總醫院等醫院，不得不加快腳步，使得台灣的醫療水準快速趕上歐美水準，從心導管手術、換心、換肝等醫療技術，長庚都是領頭羊。

謝其俊對伯父誇獎他在長庚受到王永慶賞識，他謙虛的說，其實很多是大哥的經驗，並給他指點，大哥很幸運跟了名醫學習。

已成醫師家族

謝其文娶台大醫學管理研究所畢業的吳麗華為妻，所育三名子女都繼承父親衣缽學醫，女兒謝

▲謝春蘭退休後，與太太潘蓮招遊山玩水。

臻怡、謝孟璇現都是長庚醫院醫師，兒子謝祥俞現留學美國也學醫。

謝玉如的先生張志良畢業於高雄醫學院，在長庚醫院擔任耳鼻喉科醫師；謝玉如的子女也學醫，女兒張羽潔是馬偕內科醫師，兒子張毅是牙醫師。

張志良的父親張泉和早年留學日本，民國四十三年（一九五四年）年與台灣首位醫學博士杜聰明一起創辦高雄醫學院，杜聰明擔任院長，他是總務主任。

謝其俊娶台大經濟系畢業的余英群為妻，兩個兒子謝祥佑、謝祥祉分畢業於中原電機與中山資工系，都在美國南加大念碩士，倒是沒有跟著爸爸學醫。但這幾年謝其俊也參與投資李金恭的京元電子，擔任常務監察人，故兒子也可能往電子科技業發展。

偏鄉行醫艱苦克難

「新雞隆比我出生的石圍牆還偏遠，我念小學初期還沒有電燈，點過瓦斯燈，後來用蓄電池，環境相當克難，而父母就在此偏鄉行醫、接生。有回媽媽在山區接生，碰到產婦流血不止，父親也適時趕來幫忙。」

謝其文說，民國四、五〇年代，新雞隆、老雞隆一帶仍住了不少人，新隆國小一年級還有兩班近百名學

▲2016 年春節，謝春梅與弟弟謝春蘭合影。

生，現聽說只剩個位數，因轄區幾是山區，父親行醫爬山涉水非常辛苦，母親勤儉持家，偶而幫人接生，其他時間也會做裁縫，貼補家用。

「父親結束新雞隆分所業務後，又回到福基診所幫伯父的忙，父親崇拜伯父，從未聽過兄弟有任何爭執。父親病危時，伯父也到加護病房探望，關心之情溢於言表。」

謝其俊說，民國一〇六年（二〇一七年）四月三十日，父親病危，伯父趕到台北馬偕醫院探望，親自給父親把脈，戴著氧氣罩的父親連言語都困難，但受到伯父的關心，病情一度好轉，後來再轉到長庚療養。

「我一生幫人驗屍無數，這次給弟弟封棺，卻是百感交集，非常不捨，但人老了總會『轉老家』，弟弟的子女有成，也算是福壽全歸。」

謝春蘭的生別式在頭份市立殯儀館舉行，由表弟張秋台代表家屬致謝詞，場面哀榮，謝春梅也全程參與。事後他還關心弟弟骨灰安奉在哪兒，謝玉如告訴他放在台北三芝的龍巖靈骨塔，他覺得很好，那裡山明水秀。

▲2016年掃墓，謝春梅知道弟弟患病，緊握謝春蘭的手，兄弟情深。

謝其文、謝其俊兄弟對伯父這十餘年接連遭受喪子女之痛，仍那麼堅強，以九十七高齡仍在行醫、從事行政相驗，敬佩不已，並常回公館探望、關心。兄弟倆發現伯父似乎在工作的忙碌、專注中，來忘記創傷與哀愁，也衷心為他祝福。

子姪學醫有成

謝春梅一生行醫，他十二名子女中只有次子謝其銘、五子謝其欣學醫，而他的姪兒謝其文、謝其俊也學醫，並發展成醫學家族。謝其文是心臟科名醫，現在新竹開設惠民醫院；謝其欣、謝其俊都在頭份開業，分開設晟新、祥安診所。

謝其銘擔任醫療助手

身為醫師，難免希望子女有人繼承衣缽，謝春梅也是如此，他的次子謝其銘元培醫專畢業，在福基診所擔任檢驗師多年，曾是他最得力的助手。後來謝其銘想自己創業，到苗栗開設樂器行，他也成全，贊助經費。之後，又到南山人壽、三商人壽服務，並在三商人壽苗栗分公司擔任經理。

「除了護士賴明珠服務已三十一年，在診所跟隨我最久外，再來就是謝其銘。沒想到他因C型肝炎惡化成肝癌，於前年（二〇一六年）病世。」謝春梅談起次子謝其銘非常不捨。

賴明珠說，她聽「先生娘」（劉蓮英）講，謝醫師到署立苗栗醫院看兒子謝其銘，發現兒子病重，自己是醫師卻救不了，父子相擁而泣，情景令人鼻酸。

謝其欣傳承醫師衣缽

謝春梅後也希望四子謝其昌、五子謝其欣學醫，要他們大學聯考考丙組，謝其昌叛逆成「拒絕聯考的小子」；謝其欣則求學順遂，建台中學國中部精修班畢業，考上建國中學，再考取中國醫藥學院醫學系，並順利考取中、西醫師執照。

謝其昌說，他高中考上板橋高中，因建台剛辦高中部精修班，父親要他回鄉念，並考丙組，每週模擬考成績好，爸爸還會給他一千元獎金，但那時他叛逆，連大學聯考都沒去考，現回想很後悔。

謝其欣先後在板橋亞東醫院與台北國泰醫院實習，後到沙鹿光田醫院服務了四年，再回頭份開設晟新診所，主要是看內科、老人內科。

血管阻塞　兒子搶救

民國八十一年（一九九二年）謝春梅突感身體不適，他懷疑血管阻塞，馬上通知在沙鹿光田醫院服務的謝其欣，給他做電腦斷層攝影，住了一個晚上，打針施藥後才改善。

▲謝其欣、陳藝文夫婦及孫女謝慈崴，與父母謝春梅、劉蓮英夫婦合影。

謝春梅說，那年他七十一歲，清晨六點半起床，手突然不會拿牙刷，不會量血壓，不會打針，護士賴明珠幫他量血壓，高達一百九十。他懷疑是腦血管阻塞，出現嘔吐現象，而兒子謝其欣也處理得宜，救回一命。

民國九十一年（二〇〇二年）又再出現同樣症狀，也有驚無險。除了這兩次，他一生還躲過三次劫難，一是躲過一九三五年石圍墻大地震，一是未念熊谷飛行學校，幸未成為神風特攻隊自殺隊員，另一是一九四五年盟軍轟炸台北，他當天未到指定的防空洞躲避，再逃過一劫。

謝其文是心臟科名醫

「姪兒謝其文畢業於台北醫學院醫科，分發到林口長庚醫院實習，非常用心，深受董事長王永慶賞識，謝其文是心臟科名醫，要離開長庚時，王永慶不讓他走，一再慰留。」

謝春梅深以姪兒為榮，謝其文在長庚專攻心臟科，跟隨名醫吳德朗、洪瑞松，學到最新的心導管手術等醫療技術，在林口長庚醫院擔任十三年的心臟科主治、主任醫師，並曾獲世界內科心臟醫學會邀請，與台大醫師連文彬等人到美國華盛頓參加會議，發表心臟醫學心得；後才回新竹開設惠民醫院，嘉惠新竹地區病患。

外孫鍾方仁是牙醫師

謝春梅的三女婿鍾南弘有心臟病，也找謝其文醫治，有次鍾南弘到福基診所看岳父，後拿了釣具準備去釣魚，突然心臟病發作，謝其文得知，馬上聯繫已轉到中國醫藥學院服務的洪瑞松處理，可惜因路上塞車，到院前已過世，令人遺憾！

鍾南弘與謝春梅的三女謝玉芬是「師生戀」結婚，謝玉芬婚後生有一男一女，除幫忙看顧家裡開的漫畫書店，也非常孝順，侍奉公婆十餘年，一直到終老。因此謝春梅私下也常誇獎三女，真的是位孝順的媳婦。

謝玉芬的兒子鍾方仁擔任牙醫師，現在叔叔鍾志正的統一牙科診所服務。

謝其俊向王永慶提建言

「另位姪兒謝其俊未讓哥哥專美於前，台北醫學院畢業後，也到林口長庚醫院實習，在長庚實習結束前，被推選為代表向醫院提出建言，那時董事長王永慶也在場聆聽，他將長庚醫院的優缺點詳細地提出報告，而王永慶也耐心在聽。」

當天謝其俊的父親謝春蘭也在場，王永慶覺得謝其俊的建言很有道理，結束後，除邀謝其俊到辦公室深談，也希望他當兵回來後優先到林口長庚醫院服務，而他也真的這樣做，但後來的長庚醫師已不像以往，可跟各種不同領域的醫師見習，他再轉到馬偕醫院服務，主要專長是內科、小兒科，後來也到頭份、公館開設祥安、祥恩診所。

謝其俊說，他敢在王永慶面前中肯提出建言，除了自己的觀察外，很多也是大哥謝其文的經驗與觀察，大哥很幸運跟了名醫學習，而他兄倆都非常感謝王永慶的賞識與栽培。

▲謝其文（左）與謝其俊（右）兄弟都是林口長庚醫院培訓出來的醫師。

學醫終身不輟

謝春梅雖非醫學院畢業的醫師，但他深知醫術日新月異，要行醫救人，醫術定要跟得上時代，致他抱著終身學習觀念，經常參加醫學講習。碰到留日胃病專家張紹淵、前台大醫學院院長楊思標等醫界大師仍不恥下問，甚至還通信多年。

他年逾九旬仍到苗栗大千醫院參加腎臟醫療技術講習，足足坐了四個小時未離席，醫師公會全聯會理事長蘇清泉得知還頒發獎狀，感佩他學醫終身不輟的精神。

「我是師徒制經過醫師檢定考試及格的醫師，在日本殖民政府發給醫師執照前，也受了近半年的醫學專業訓練，授課老師都是台大醫學院知名教授，故我也有接受過醫學院的訓練，只是時間沒有像醫學院的學生那麼長而已。」

謝春梅十六歲開始當學徒學醫，二十三歲正式當醫師，且在偏鄉行醫，什麼科別都要懂，故他非常重視在職進修，凡醫師公會或衛生單位辦的醫療講習，只要有空他都儘量參加，若有名醫現身說法，他更不會錯過。

見識「張氏開胃法」

「早期民生物資缺乏，吃不好，胃病患者特別多，我的祖母就為胃疾所苦，而舉世聞名的胃病權威張紹淵，他與太太張生妹都是公館人，都留學日本獲東京醫科大學醫學博士，有年回鄉在公館安都戲院介紹『張氏開胃法』，將影片播給大家看，我當然不會錯過向名醫請教、學習的機會。」

▲2008 年謝春梅獲醫療貢獻獎，接受馬英九總統頒獎。

▲2017 年再獲資深醫師獎，接受蔡英文總統頒獎。

張紹淵回鄉介紹「張氏開胃法」，詳細時間謝春梅忘了，約在民國六〇年代初期，戲院內擠滿為胃病所苦的病患或家屬，張紹淵巧妙利用胃鏡診療胃部，再開刀切除，大家聽得聚精會神。張紹淵知道他是醫師，現場又一再提出問題，求知慾那麼高，回日本後寫信給他，雙方魚雁往返好幾年。

張紹淵獲洛克菲洛醫學獎

張紹淵是公館鄉賢張阿隆的次子，張阿隆過繼給哥哥張集興當養子，張集興原有一子留日，娶日女為妻，昭和十年（一九三五年）中部大地震不幸罹難。張紹淵早年隨兄赴日本留學，二十六歲獲東京醫科大學醫學博士，戰後在日本山形縣鶴仔岡市開設張外科醫院，擅長胃部開刀手術，創「張氏開胃法」，榮獲美國洛克菲洛醫學獎，名揚國際，且榮獲英、德等國榮譽博士尊榮。

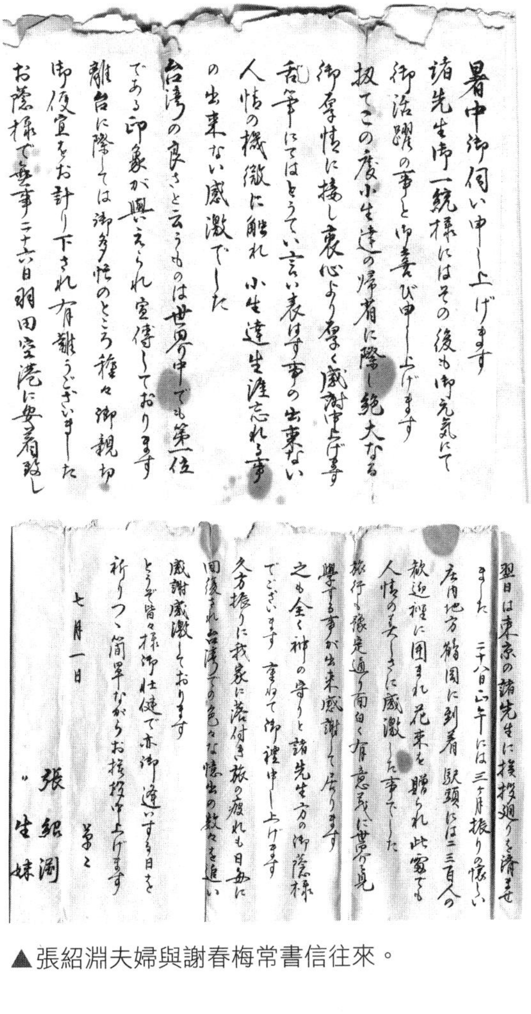

暑中御伺い申し上げます
諸先生御一統様にはその後も御元気にて
御活躍の事と御喜び申し上げます
扨てこの度小生達の帰省に際し絶大なる
御厚情に接し衷心より厚く感謝申上げます
乱筆にてはとうてい言い表はす事の出来ない
人情の機微に触れ　小生達生涯忘れる事
の出来ない感激でした
台湾の良さと云うものは世界中でも第一位
である印象が與えられ宣傳しております
離台に際しては御多忙のところ種々御親切
御便宜をお計り下され有難うございました
お蔭様で無事二十六日羽田空港に安着致し

翌日は東京の諸先生に挨拶廻りを済ませ
ました　二十八日正午には三ヶ月振りの懐しい
庄内地方鶴岡に到着　駅頭には二三百人の
歓迎裡に囲まれ花束を贈られ此の家でも
人情の美しさに感激した事でした
旅行も張先生通り面白く有意義に世界を見
學する事が出来感謝して居ります
之も全く神の守りと諸先生方の御蔭様
でございます　重ねて御禮申し上げます
久方振りに我家に落付き旅の疲れも日毎に
回復され台湾での色々な憶出の数々を追い
感謝感激しております
どうぞ皆々様御壮健で亦御逢いする日を
祈りつゝ簡單ながらお挨拶申上げます
七月一日　　第之
張紹淵
〃生妹

▲張紹淵夫婦與謝春梅常書信往來。

「張氏開胃法」受益病人遍及全球，特成立「張胃會」，會員達二千餘人，定期聯誼，公館國小五十週年校慶，張紹淵也捐資給母校建教室[1]。

老來得子　寄照留念

「張紹淵與碧多尼蠶絲公司經理邱新霖的父親邱崑嶽是小學同學，大我九歲；他的太太張生妹

1 徐進榮「張集與、張紹淵父子」，收錄於《公館鄉誌》第十一篇人物篇，一九九四年，公館鄉公所，頁579–580。

大他三歲，是我岳母楊松妹（劉蓮英母親）的小學同學，大我十二歲，夫妻都是留日博士。張紹淵一直沒有子嗣，聽說後來徵求太太同意，找了一位護士借腹生產，傳得一子，還將照片寄給我做紀念，高興溢於言表。」

謝春梅至今還珍藏著張紹淵給他的信與照片，一位享譽世界的醫學大師不僅是公館同鄉，願將所學跟鄉親分享，而且還那麼客氣謙虛，肯指導後進，讓謝春梅非常欽佩，真的是位了不起的醫界典範，也是「台灣之光」。

偏鄉醫師要更細心

「我是偏鄉醫師，醫院設備無法跟大都市先進大醫院比，但我比很多大醫院醫師都細心，例如我的診所隨時都準備白喉血清、百益能氯注射液、毒蛇血清，一旦碰到白喉病患、農藥中毒或是被毒蛇咬，就是救命仙丹，也因我的細心，救了不少

▲公館鄉出身旅居日本的胃病醫學專家張紹淵喜獲麟兒，寄來照片。

人。」

謝春梅的福基診所就在後汶公路旁，以前還有小小手術室，碰到車禍，摔傷跌倒，可先救急，再轉送大醫院。

台灣光復前後，肺結核病傳染非常嚴重，先進醫院用X光及顯微境驗痰，馬上可驗出是否感染肺結核，但小診所沒有這種設備，他就用傳統的「赤血球的沉降速度」檢驗法。

驗出同事得肺結核

「光復前，我在新竹岩田醫院用赤血球的沉降速度檢驗法，驗出一位護士感染肺結核，一般人指數才三、四而已，縱使女性月事期，也不會超過十，但這位護士高達八十，且兩次檢驗都如此，顯然她隱瞞病情，後來病情嚴重，才離職返家療養，仍不幸病逝。」

謝春梅有次到苗栗縣醫師公會開會，會中他談到利用赤血球的沉降速度檢驗法經驗，跟與會醫師分享，當天台灣胸腔科權威楊思標也參加，對他的說法，還質疑有醫療價值嗎？

與楊思標談肺結核檢驗

面對曾任台大醫學院院長的楊思標，謝春梅仍不亢不卑地說，赤血球的沉降速度檢驗法或許落伍，沒有用X光及顯微境驗痰來得科學，但在醫療資源較貧乏的偏鄉仍可補不足。

謝春梅說，光復初期肺結核在台灣非常嚴重，病患應接不暇，直到這二、三十年才比較少，碰到這些病患除了可用鏈黴素抗生素治療外，也要注意營養、衛生，避免傳染。

年逾九旬仍參加講習

「醫術日新月異，行醫救人也要跟得上時代，我雖在偏鄉行醫，但參加醫學講習從不落人後，也常是研習會上年紀最老的醫師。四年前苗栗市大千醫院舉辦腎臟醫療技術講習，請三位醫學教授輪流演講，足足講了四小時，我坐在最前面，因要聽演講當天也少喝水，結果連廁所都沒上。」

謝春梅當天用心聆聽醫學演講的場景，讓年輕醫師們折服，有人偷偷拍了照，並傳到全國醫師公會理事長蘇清泉那兒，隔沒多久他竟收到蘇清泉掛號寄來的獎狀，表揚他學醫終身不輟的精神。

謝春梅也長期訂醫學雜誌，致哪兒有研習他都知道，旅日醫師他除跟張紹淵聯絡請益，在日本千葉縣行醫的彭榮達、彭秀光叔姪，是他小學同窗彭榮茂（一九二三年—二〇一六年）的弟弟與兒子，彭榮達是東京醫科大學學博士，彭秀光是千葉醫科大學醫學博士，以前也常交流。

▲謝春梅年逾九旬仍學醫不輟，早期學醫的《內科診斷學》也還保留著。

堅強面對人世滄桑

謝春梅娶兩房妻室，大房陳成妹與他同年，是母親謝吳新妹作主成婚；二房劉蓮英小他十四歲，是事業伙伴劉東儒相許，共生十二名子女，都充滿事業心與企圖心，除五子謝其欣繼承衣缽行醫，兒子都曾自行創業，並有四名子女夫婦遠赴阿根廷開餐廳。

他一生躲過多次劫難，有些子女卻沒他那麼幸運，廿餘年來他連續遭受喪失女婿、女兒、兒子，甚至外內孫之痛，他表面堅強，卻難掩傷心、落寞，令人看了不忍。

陳成妹有幫夫運

「陳成妹是我石圍墻鄰居，大我一個多月，母親很中意她，昭和十六年（一九四一年）訂婚，我才二十歲，隔年（一九四二年）結婚，我正在準備乙種醫師檢定考試。她有幫夫運，昭和十八年（一九四三年）我筆試通過，但臨床實作婦產科一科未過，第二年（一九四四年）我則順利取得乙種醫師檢定資格。」

婚後長子謝幸育誕生，不久台灣光復，謝春梅在公館上福基開診所行醫，陳成妹（一九二二年—一九九七年）幼年家貧失學，也去「打夜學」（夜間學習國文），相夫教子，先後生了三男五女，依序是謝幸育、謝玉枝、謝其銘、謝玉廉、謝玉芬、謝玉婉、謝其府、謝玉堂。

謝春梅很快成地方名醫，年輕有為，深得人望，經濟也佳，而住在診所附近的劉東儒，經營煤礦事業，也擔任鄉民代表，後再當選代表會主席，煤礦辦公室與診所相鄰，兩人很投緣，無話不談，後來劉東儒的煤礦事業經營越來越困難，謝春梅也適時給予幫忙週轉。

再娶劉蓮英

「我再娶劉蓮英，除了岳父劉東儒感謝我對他事業的支持，也可能認為我是醫師，經濟情況好，可以託付；當時我年少輕狂，事業順遂，也沒想到這樣做可能會傷到其他人，如今回想內心真的有愧。」

民國四十三年（一九五四年）謝春梅再娶劉蓮英，母親謝吳新妹提醒他「你再娶，不要虧待成妹哦！」劉蓮英（一九三六年生）是劉東儒的三女，那年才十八歲，省立苗中初中部畢業，身高一百六十五公分，比一百六十三公分的謝春梅還高。她身材高眺，氣質高雅，是地方公認的美女。

「我怎麼會嫁給謝春梅，連自己都不是很清楚，進了謝家，對家娘（婆婆）、大姐（陳成妹）都相當敬畏，感覺自己像個小『心臼』（媳婦），日子過得並不快樂。」

劉蓮英的父親劉東儒也娶兩房妻室，大房生一女後未再生育，他是獨子，怕無子嗣，再娶石圍墻大地震丈夫罹難的楊松妹為二房，楊松妹與前夫生有一女，也跟隨過來，致劉蓮英有兩個姐姐，下有二弟四妹，在家排行老三。

與劉碧英情同姐妹

劉蓮英說，父親是獨子，祖父劉新（肇）水過世時，碰巧父親在大陸經商，兩岸沒有飛機，船班也少，回台不便，無法奔喪，只好請結拜兄弟劉傳村代理孝子，而大媽生一女後未再生，父親再娶母親，即希望未來有子傳嗣。

劉傳村是獅潭人，當選過縣參議員、縣議員，女兒劉碧英嫁給已故省議員徐享城，兒子是現苗栗市大千醫院董事長徐千剛，因雙方父親結拜，劉碧英與劉蓮英也情同姐妹，徐千剛都叫劉蓮英阿姨。

共生六男六女

謝春梅再娶劉蓮英，始感受同在一屋簷下，有兩房妻室的壓力與責任，劉蓮英也為他生了一女三男，依序是謝玉容、謝其昌、謝其欣與謝其宗。

兩房太太共生六男六女，依年齡順序是謝幸育、謝玉枝、謝其銘、謝玉廉、謝玉芬、謝玉婉、謝玉容、謝其府、謝其昌、謝其欣、謝玉堂、謝其宗。

「我子女多，自己行醫也忙，孩子教育幾都交給太太，也隨他們的興趣發展，六個兒子都曾自行創業，有三位曾在大陸廣東經營鞋廠，五子謝其欣開診所，並有四名子女夫婦遠赴南美洲阿根廷開餐廳創業，但除了次女謝玉廉轉往美國紐約發展，都回台灣了。」

謝春梅自認給孩子相當自由的揮灑空間，為了子女創業出錢出力，甚至兒子事業失敗虧了他不少錢，他也不責怪，默默力挺兒子，未有怨言。

謝玉廉到阿根廷創業

「次女謝玉廉與次女婿林吉發富冒險、開創精神，原在國中教書，後到中南美洲的巴拉圭、阿根廷創業，在阿根廷首都布宜諾斯艾利斯開餐廳。打好基礎後，三子謝其府、五女謝玉容、㕓女謝玉堂，這三子女夫妻也跟著到阿根廷謀生。」

▲▶謝春梅於民國四〇年代與兩位太太及子女們合影，上圖右是弟弟謝春蘭。右下圖是劉蓮英與子女們合影，圖中多數小孩是陳成妹所生。

林吉發、謝玉廉夫婦，分畢業於文化大學、世界新專，先在獅潭國中教書，再轉到宜蘭；後認識一位中興大學教授，連袂到巴拉圭開超級市場，發現巴拉圭經濟落後，超商做不起來，再前往阿根廷首都布宜諾斯艾利斯開餐廳，結果生意興隆，又在離布宜諾斯艾利斯約五、六百公里的第二大城羅斯利歐開分店。

謝春梅說，次女玉廉與女婿在阿根廷經營中餐廳成功，除開分店，也投資房地產，且還需要人手，三子謝其府、詹淑媛夫婦、五子謝玉容與女婿張清渭，也跟著到阿根廷幫忙，並續開分店，後來張清渭、謝玉容夫婦回國，屘女謝玉堂與女婿唐榮發也過去接棒，致子女有四人到阿根廷創業。

四子女陸續到阿根廷

「姐夫林吉發是非常熱心的人，我夫婦剛到阿根廷，他感冒非常嚴重，仍忙著替我夫婦安頓，並協助我們開分店，林吉發後想轉往美國紐約發展，到紐約考察時，因心臟病發作去世，那年才三十八歲，大家都很傷心，也令弟妹有頓失精神支柱的感覺，幸二姐謝玉廉很堅強，後來就帶著三名年幼子女在紐約發展。」

張清渭去阿根廷前，曾在台北華國大飯店服務，到阿根廷主要是開川菜餐廳，有位廚師是以前我國巴拉圭大使館的廚師，張清渭到阿根廷後也學廚藝，幫忙掌廚，而弟妹們前往阿根廷創業，主要是受二姐謝玉廉與二姐夫林吉發的影響，若林吉發不英年早逝，應可開創出一番事業。

碰到福克蘭戰爭

張清謂是民國六十九年（一九八〇年）與太太謝玉容一起到阿根廷，到民國七十四年（一九八五年）才回台，他經營的餐廳生意非常好，賣的是川菜合菜，食客主要是阿根廷人，起初賺了不少錢，但沒想到阿根廷與英國為爭福克蘭群島主權，於一九八二年四月至六月爆發「福克蘭戰爭」，結果阿根廷慘敗，於六月十四日簽訂停戰協定，英國重新控制福克蘭群島。

張清渭說，福克蘭戰爭爆發後，阿根廷因政局不穩，通貨膨脹嚴重，賺的錢都給匯率吃掉了，他們夫婦才決定返台；兩人經營的餐廳才由唐榮發、謝玉堂夫婦接棒。他在阿根廷習得廚藝，廿餘年前他決定重起爐灶，在苗栗市開「鄉園客家料理餐館」。

外孫重返阿根廷

「玉容、玉堂的小孩都在阿根廷出生，以前會講西班牙語，但回國後又忘了，玉堂的兒子唐遠立、唐遠威是雙胞胎，唐遠威台北技科大學畢業後，到阿根廷投靠叔叔，現從事貿易工作，又重新學西班牙語，想在阿根廷發展。」

謝春梅認為外孫唐遠威與阿根廷有緣，且以前有西班牙語基礎，現台灣經濟窘困，追尋父母的腳步，再前往阿根廷開創也好。謝玉堂的夫婿唐榮發

▲謝春梅、劉蓮英夫婦春節時與子孫們合影。

是韓國華僑，回台後也在公館特色館餐廳擔任廚師。

謝春梅非常感佩次女謝玉廉，在丈夫去世後，在紐約大都會堅強謀生，連熱狗、冰品都賣過。他廿餘年前曾到紐約探望女兒，令他非常疼惜，她將二女一男教育有成，更難得的是謝玉廉幾乎每年都會返台探望父母，一待至少半個月到一個月；她的媳婦是馬來西亞客家人，最近生了一個小孩，非常討人喜歡。

謝玉婉回鄉參選

謝春梅的六個女兒，長女謝玉枝、四女謝玉婉分因卵巢癌、心臟病去世，令他心痛多年。謝玉枝淡江外文系畢業，嫁給同學王松中的弟弟王炳興，王炳興逢甲大學國貿系畢業，夫婦都曾在公館國中教書，王炳興後來自己創業，育有兩子兩女，惜謝玉枝於四十八歲時因卵巢癌去世。

謝玉婉東海大學社會系畢業，曾任公務員，後受先生蔡辰衛影響，在台中、苗栗參選過立委、國大代表，可惜都落敗，現夫婦都已過世。謝玉婉兩

▲子姪們在沐恩音樂會向謝春梅夫婦敬酒。

次回苗栗參選，謝春梅明知當選機會非常渺茫，但他疼愛女兒，仍舊贊助她競選經費，甚至在女兒、女婿過世後，也繼續照顧外孫、外孫女長大。

幫助兒子開創事業

謝春梅的長子謝幸育曾經營皮包加工廠、次子謝其銘開音響行、四子謝其昌經營製鞋廠，他在資金調度上也盡量給予支持，可惜後來都失敗。尤其是謝其昌投資的柏納鞋業公司，在公館石圍墻及大陸廣東東莞、中山投入大量資金，一度業績很好，訂單很多，三子謝其府、屘子謝其宗也到公司幫忙，卻因擴廠太快，資金週轉失靈，宣告破產。

謝春梅面對兒子投資失敗，田產、房舍遭法院查封，謝幸育、謝其銘、謝其宗也先後不幸因病去世，他內心受到的打擊，恐非一般人所能承受，他卻堅強地挺了下來。他並認為兒子事業的失敗與壓力，定會影響身心健康，因此他也選擇原諒，謝其昌後在台北從事土地仲介開發，見父親年邁，亦回鄉照顧。

謝其昌說，他經營的鞋業公司會週轉失靈，先

▲二〇一八年春節謝春梅夫婦與子孫們團圓合影。

是所接的東歐國家訂單，因俄國盧布貶值受到衝擊，再來是擴廠太快，資金調度困難，加上在大陸也遭到黑白兩道刁難，結果失敗，有點「被坑」，很對不起父親。

謝其欣購回父親診所

謝春梅福基診所房舍有二百餘坪，當醫師的五子謝其欣已幫父親買回。謝其欣體恤父親一生辛勞，為子女默默付出，並肯定父親一生對偏鄉醫療的貢獻，他受訪表示，未來他準備將福基診所作為父親的紀念館。

謝其欣十幾年前已要求父親把醫院收掉，到頭份跟他一起居住，但父親閒不住，仍繼續執業至今，且幫忙做行政相驗，他看了也不忍。然而父親似乎已習慣這樣的生活，若不給他做，可能老得更快。

離異婿媳　待之以禮

謝春梅的十二名子女皆有婚嫁，雖有離異者，但他心胸開闊，永遠視他們為女婿、媳婦，且待之

▲謝春梅夫婦與子孫們聚餐，坐者右一、二是謝其銘、郭書綾夫婦。

以禮。今年春節他跌倒，五女婿張清渭從女兒口中得知「阿公跌倒了」，他馬上前往探望，致贈紅包給老岳父拜年。

張清渭有時身體微和，會找老岳父看病，順便探望，有次他帶現任太太前往，謝春梅親切接待，還說「我去幫你太太倒杯茶」，讓張清渭感動不已，岳父真是位令人尊敬的「人格者」。

屘子謝其宗的日籍妻子宮田由加里，雖已離婚，謝其忠也過世六年多了，但宮田由加里每隔兩、三年仍會來台探望公婆，離台時，謝春梅也會塞些旅費給她。

謝其昌見父親年邁，前年施打骨泥後，食慾不佳，體重銳減，且過年時跌倒，也回鄉照顧老爸，盡點孝道。謝春梅最小的孫子謝易泰跟祖父母住，在謝春梅心中，見到愛孫就像見到已逝的屘子，似乎自覺責任未了。

▲謝春梅與子孫合影，右起是次媳郭書綾、三女謝玉芬、六女謝玉堂，左三是四子謝其昌。

賴明珠跟隨行醫三十餘載

護士賴明珠跟隨謝春梅行醫已逾三十載，她深感城鄉醫療環境的快速變遷，更見證一位堅守崗位的鄉醫，從意氣風發到老邁佝僂的世事滄桑；而視病猶親的謝春梅，是老病患身心靈的依靠，也是位充滿人道關懷的「送行者」。

這十餘年來，謝春梅連遭喪至親之痛，他外表堅強，但內心脆弱，更讓賴明珠看了不忍。

被病患視為守護神

「我是仁德醫專復健科畢業，因娘家在診所附近，還沒畢業就到診所服務，跟著謝醫師作息，全年無休。剛來時先生的媽媽還健在，阿明叔（指謝春蘭、外號阿明）也在診所幫忙，診所每天都好熱鬧。」

賴明珠（一九六八年生）民國七十六年（一九八八年）到福基診所服務，而全民健康保險直到民國八十四年（一九九五年）三月一日才全面實施，縣內大型醫院也沒那麼多，除公館鄉外，每天從獅潭、泰安、大湖坐車到診所看病的病患還相當多，有點應接不暇；一些行動不便的慢性病患者，需要謝春梅到府看診、打針，賴明珠也常跟隨下鄉。

「我剛來時不會開車，也沒有駕照，都是先生開車。他意氣風發，視病猶親，給病患把脈，噓寒問暖，閒話家常，被病患視為『守護神』，很多病人看到他，感覺病好像好了一半。」

常找謝春梅到府看診的慢性病患者，有六、七十位，有時一天跑好幾趟，賴明珠也被晒得很黑。以前沒有行動電話、手機，診所若有緊急病患，就打嗶嗶叩呼叫，再趕回診所。

▲賴明珠跟隨謝春梅行醫已三十一年。

下鄉看診認識丈夫

「我老公劉炤發，是春梅先生下鄉看診介紹的。有天我陪春梅先生給劉炤發的祖父劉雙盛看病、打針，春梅先生跟我講，劉家很有錢，做陶瓷，不知有無孫子還沒結婚？結果劉炤發看上我，家倌（公公）劉有得（在市場賣魚，人稱「賣魚得」）竟跑到診所來偷看，也非常中意，後來請劉郁慶[1]做媒，結為連理。」

1　劉郁慶是醫師劉俊亮的長子，劉俊亮早年跟江嶸基學醫，曾被徵調到海南島當軍醫，回台在公館開設仁壽診所，劉郁慶也跟著父親學醫。

劉炤發與賴明珠結婚後，在公館中義村一二八線道路旁開設「奧得卡傢俱行」，因謝春梅全年看診，她也跟著全年無休，為方便照顧小孩，連小孩都跟謝春梅的孫子女一樣，送到謝春梅同年劉開英開設的新民托兒所。

診所有如幼稚園

「開英伯曾跟我開玩笑說，那麼多孫子女帶回家給老人家照顧，我同年怎受得了？若是我，我會發瘋。」劉開英跟賴明珠熟悉，感佩她全年無休也沒關係，私下稱她「阿憨妹」（意指肯犧牲奉獻），他也透露非常「同情」謝春梅的辛勞，幸好福基診後面加蓋的樓房，房間很多，住得下。

的確，在近二十年前，謝玉婉、謝其府、謝其昌、謝玉堂的小孩都回鄉，住在福基診所，最多時多達十幾位，謝春梅也以「阿公」身份繼任福基國小家長會長，出錢出力。

謝其府、謝玉堂兄妹夫婦都曾遠赴南美洲阿根廷開過餐廳，剛回台時小孩都不會講國語，滿口西班牙語，白天送到劉開英開設的新民托兒所，下課回來一

▲謝春梅在沐恩音樂會宴席上與女兒謝玉芬（坐者左）、謝玉堂（坐者右）、兒子謝其府（後排中）、謝其昌（後排左三）及孫女們合影。

群小孩打打鬧鬧，有如幼稚園。

「沒錯！那時有人還以為我兼開幼稚園，擔任園長。」劉蓮英回憶當年家裡有十幾個小孩真的很熱鬧，也帶得很辛苦，如今只剩小孫子謝易泰還住在一起，又覺得太過寂靜了。

深獲老病患信賴

全民健保實施時，謝春梅已七十餘歲，他沒有申請加入全民健保醫院，而且縣內大型醫院也增多，病患也跟著快速減少，但是仍有不少病患，不到健保醫院，仍舊找他看診，甚至有些病患的第二代、第三代都信賴他。

「我考上駕照後，先生娘（劉蓮英）擔心先生安全，不讓他開車，之後下鄉看診都由我開車。謝醫師已九十七歲，仍舊有不少老病患信賴他，但病患家屬體諒老醫師年歲已大，除非有必要先生才到府看診，否則一般都由我到府打針、給藥。」

賴明珠說，這些需要到府打針的病患，大都是臥床多年，行動不便，一般是施打痛風、止痛藥劑或營養劑，她也知道老病患的狀況。很多慢性病都會遺傳，以前給父親輩打針施藥，現變成兒子輩，病況幾乎一樣；以前媳婦帶家娘來看病，現換自己來看病。

共事歲月勝過子女

「我中午都在診所吃，好像也是謝家人，先生娘若不在，我就下廚煮。我白天幾乎沒有在家，若在家裡，子女會覺得很奇怪；兒子念健行科技大學，女兒念馬偕護專，跟我一樣學護理。」

賴明珠跟隨謝春梅三十一年，比他任何一個子女相處共事的時間都長，也成了他最得力的助手，不僅載他下鄉看診，協助開驗屍死亡證明，甚至擔任司機，接送他的幼孫謝易泰下課；就連他的日籍媳婦宮田由加里來台探望公婆，她也權充司機。

外表堅強　內心脆弱

「我第一次看到先生哭，是先生的母親過世，同樣地，『大先生娘』（陳成妹）去世，他也哭得很傷心，就連弟弟謝春蘭今年初過世也一樣。先生是很重情的人，他外表堅強，內心卻很脆弱。」

謝春梅的母親謝吳新妹於民國七十七年（一九八八年）去世，享年八十六歲，元配陳成妹於民國八十六年（一九九七年）過世，享年七十六歲。陳成妹大他一個多月，是母親介紹結婚，婆媳感情很深。

「先生的子女都很有事業心，次女謝玉廉與夫婿林吉發先後前往巴拉圭、阿根廷創業，林吉發後想轉往美國紐約發展，卻不幸因心臟病去世，接著當國中老師的長女謝玉枝也因卵巢癌症去世，都讓先生傷心不已。」

子女之喪　悲痛難抑

謝春梅面對女婿、女兒英年早逝，都悲痛難抑，後來四女謝玉婉、屘子謝其忠、長子謝幸育、次子謝其銘也因病去世，其中謝其宗之喪，是醫療疏失。連喪子女之痛，白髮人送黑髮人，他都堅強面對，卻讓旁人看了不忍。

賴明珠說，謝幸育有心血管疾病，謝醫師一再提醒兒子，不是腦部就是心臟出問題，要多注意，但還是防範不了。次子謝其銘得肝病，病危住在署立苗栗醫院，先生前去探望，聽先生娘說「兩子爺（父子）都在哭」，情景令人鼻酸。

外孫結婚　觸景傷情

去年底謝玉枝的兒子王鵬鈞在台北結婚，大家快樂吃喜宴，先生娘回來也說，先生觸景傷情，想到長女沒福看到此場景，竟老淚縱橫。

這場婚宴，除人在紐約的次女謝玉廉趕不回外，次媳郭書綾、三女謝玉芬、三子謝其府、四子謝其昌、五子謝其欣與陳藝文夫婦、六女謝玉堂及多位內外孫子女都參加，有如場家庭聚會。謝玉枝的女兒王斐珊嫁給前台北縣長周錫瑋的內弟（小舅子），與周錫瑋亦有姻親關係。

▲謝玉枝是謝春梅長女，生前與夫婿王炳興合影。

施打骨泥　身形暴瘦

「今年春節除夕夜圍爐，先生家在客廳席開三桌，他出來外面拿東西突然跌倒，爬不起來，家人也沒查覺，剛好有位遊覽車司機要來打針看到，大家才把他扶起來。」

謝春梅前兩年有天在庭院澆花，背部突感覺一陣劇痛，他到苗栗大千醫院檢查，發現骨質疏鬆，並有龜裂，後施打骨泥，因吃不下，突然暴瘦，體重剩下四十一公斤，最近才增加到四十三公斤。他不僅身軀越來越佝僂，也常牙痛，劉蓮英為照顧他的飲食，菜蔬有時也打汁給他吃。

下鄉驗屍　人道送行

「現診所每天平均還會有十來位病人，碰到寒熱交接季節，病患會增加，先生若沒有下鄉驗屍，都待在診所，連午休也只是坐在籐椅上打盹。較辛苦是下鄉行政相驗，一般都是死者家屬或葬儀社派員來載。」

這廿年來，因多數年輕醫師不願下鄉行政相驗，謝春梅為幫喪家、葬儀社處理後事，成為地方最稱職的法醫，他當作幫「轉老家者」送行，以專業、尊敬態度相驗，並不以為苦。

疼惜子女　默默付出

「先生非常疼愛子女，以前過年還會給子女紅包，是位默默為子女付出，並不要求子女回報的人，現連孫子女結婚，他都包三萬六厚禮，讓子孫深受感動。」

謝春梅的子女見父母老邁，除五女謝玉容已回娘家住，三女謝玉芬、三子謝其府、四子謝其昌、五子謝其欣、屘女謝玉堂也常回家探望，連旅居紐約的次女謝玉廉也幾乎每年都會回台看父母，一待就是半月或一月，非常孝順。

日籍媳婦宮田由加里雖已跟屘子離婚，五女婿

▲參加長女謝玉枝兒子王鵬鈞的婚宴。前排右起謝玉芬、劉蓮英、謝春梅、謝玉堂、陳藝文、謝其欣。後排右起郭書菱、謝其昌、謝其府、鮑景竹、王炳興、王鵬鈞夫婦及親家。

張清渭也跟五女分手，但謝春梅夫婦仍視他們是媳婦、女婿，宮田由加里每隔兩、三年會來台探望公婆；在苗栗市開鄉園餐館的張清渭，更常來探望，每次來都會帶飯店招牌名菜客家爌肉、筍乾，孝敬老人家，賴明珠也覺得特別好吃。

護士兼管家

「因先生全年無休，我也跟著全年無休，碰到重要事情才請假，去年連我的家倌（公公）過世，也只請兩天假，分是法會與出殯當天。」

賴明珠雖然辛苦，白天幾被「綁」在診所，但謝春梅也體恤她，每年都給她加薪，平均一年加薪一千元。不過，她什麼事都做，已成謝家最稱職的管家。

謝春梅也視賴明珠如自己女兒般，甚至連百年後事要怎麼做都告訴她，讓他深受感動。此事，他也告訴兒子謝其欣、忘年之交彭鈺明等人。

▲謝春梅夫婦在外孫王鵬鈞婚宴上與子孫們合影。前排左二是王斐珊，嫁給前台北縣長周錫瑋的內弟。

「先生也玩股票，但常賠，致有人笑他說，你買什麼股，我就不買。」賴明珠覺得謝春梅仍有投資觀念；張清渭則認為岳父有時還會簽六合彩，仍玩興不減。

▲謝家子孫參加王鵬鈞結婚婚宴。

石圍墻開庄兩百年

「石蟠龍溪披荊斬棘始見桃源安居境，墻護先賢胼手胝足乃有沃野樂土人。」苗栗高中退休老師邱德忠這幅對聯，見證了石圍墻開庄兩百週年的滄桑。

距清嘉慶二十二年（一八一七年）苗栗六庄人士共推吳琳芳為墾主，開墾石圍墻以來，到去年（二〇一七年）剛好兩百年；而庄民的拓墾精神，在民國四十八年（一九五九年）「八七水災」後，也興起一陣後山移民潮，謝春梅的四位舅舅也移居到花東縱谷。

五大庄輪流迎媽祖

「石圍墻一年有兩次做『鬧熱』，一是農曆五月十三日，關平太子生；另一次是農曆十月二十九日，收冬戲還天神，以前有請客，演野台戲，現在比較少。不過，『芎中七石隆興』（芎蕉灣、中心埔、七十份、石圍墻、老雞隆）五大庄的北港進香，輪到石圍墻庄當爐主時，仍有演戲，而且會迎中心埔五穀爺的天上聖母駐駕，並到北港進香，現是當日去，當日回。」

石墻村長邱德真這幾年積極爭取經費，進行石圍墻社區改造，除於民國一〇二年（二〇一三年）在石圍庄北側建「揆一樓」大牌樓，去年也熱鬧慶祝開庄兩百週年，並請堂兄邱德忠為紀念碑撰〈石圍墻開發二百周年略誌〉一文，以緬懷先民拓墾開庄的艱辛。

邱德真說，辛亥年（一九一一年）後龍溪改道前，芎中七石隆興土地本相連，致以前迎媽祖是五大庄輪流，負責主事的五座廟宇是芎蕉灣宏善堂、中心埔五穀爺、七十份天神宮、石圍墻揆一樓與老雞隆三聖宮。現芎蕉灣（銅鑼朝陽村）因人口較少，已沒有輪值，只剩四庄在輪，但芎蕉灣仍有參加。

信仰中心揆一樓

「揆一樓原是吳琳芳的家廟，只供奉關聖帝君，吳琳芳率六庄人拓墾石圍墻時，在現揆一樓設辦公室，後來變成庄民的信仰中心，並增祀至聖先師孔子，成文武二聖，名為揆一樓，取自孟子離婁篇『前聖後聖，其揆一也』之義，亦切合晴耕雨讀之客家祖訓。」

邱德忠追溯石圍墻開庄兩百年，崇祀關公，即重忠義，而石圍墻的開發史，也是從北邊的關爺埔最先開發，繼之是蕃仔埔，最後才是石圍墻，而「關爺埔」顧名思義，即是敬重關公，義結金蘭開墾的土地。

石圍墻庄規甚嚴，以前每年兩次做鬧熱演戲，庄民或外地遊客前來看戲，觀看區以草繩拉開界線，男女有別，相傳是日治初期有出礦坑礦場日籍員工到場調戲婦女，遭庄民圍毆，後立下此規。但這只是老一輩傳說，之後看戲並無此規。

建石墻、設銃孔　保衛家園

「粵人吳琳芳集資八十一股為墾主，向平埔族人租購荒地從事墾殖，於荒煙蔓草間，披荊斬棘以闢田野，居亂石流沙中，胼手胝足而建屋盧，開庄設堡，築墻立寨，墻高七尺寬六尺周三里，上種刺盤外圍刺竹，並設南北柵門、銃孔以防盜禦洪，庄外有隘丁巡守隘寮，保護家園。」

邱德忠聽老一輩說，為保護庄民，除庄內建石墻、立銃孔，也在現水頭伯公（土地公）設隘寮，隘丁在蕃仔埔一帶巡邏。早期白天壯丁都出庄工作，庄內只留老弱婦孺，相傳邱新霖（碧多妮蠶絲公司經理）家族的一位祖婆（邱松揚之妻），有天在柵門外的空地種菜，發現幾位陌生人拿著刀械想闖進庄內，她馬上關起柵門，並將砂石、鐵皮裝進銃內，隨後燃火放了一銃，結果「轟」的一聲，正打中這群欲闖庄者，血肉還掛在刺竹上，在庄外巡守的隘丁聽到「轟」響，才趕回庄內。

經邱家這位祖婆保庄有功後，不僅庄民加強庄內的安全維護，匪寇得知庄民團結，且有充份的防禦設施，也不敢再來犯。

王傳秀父子拓墾、防洪有功

「辛亥年（一九一一年）後龍溪改道後，石圍墻、中小義一帶產生了許多河埔地，除了徐定標家族開闢了很多良田，來自三灣大南埔的王傳秀，也到石圍墻開田，擁有三、四十甲土地，成為地方富農，王傳秀的兒子光復後擔任石墻村長，對石圍墻堤防的興建，亦功不可沒。」

邱德忠說，從上福基至石圍墻修建後龍溪堤防，不僅所需土地，大都是王添財、王添郎兄所有，無償提供；擔任村長、水利代表的王添郎，為爭敢經費建堤防，也常陪官員上酒家交際，花了不少錢，致今天石圍墻的堤防能那麼堅固、完善，王添郎實功不可沒。

王添郎的長子王松申娶徐定標女兒徐海妹為妻，曾擔任福基國小校長多年，屘子王炳興娶謝春梅的長女謝玉枝為妻。王松申與謝春梅也是國小同窗。

董石慶傳授「子弟班」

「石圍墻開庄廿餘年後，從唐山來了位戲狀元董石慶，在石圍墻教『子弟班』，一百餘年來弦歌不輟，五、六十年前農閒時期，庄內子弟班還常出庄，粉墨登場，風靡一時。」

石圍墻先賢陳北開是子弟班第四代，生前受訪說，在民國三十七、八年子弟班最盛時，他是前後場（即文武場）都行的要角。當時該庄子弟班跟公館出磺坑、通霄南和李屋及三叉河（現三義）的「子弟班」齊名，在農閒時常交流，到各村庄粉墨登場，各地迎神賽會也是主要陣頭。

陳北開說，董石慶精通「木頭戲」，也是子弟班前後場好手，他到石圍墻見地方壯丁農閒缺乏娛樂，乃開班授徒，其中邱竹金、邱玉富、邱德添都是第二代高徒。他的二哥陳闕元後跟邱玉富學子弟班，並傳授給他，他也教了一批弟子，如徐鑑源、陳德勳、邱運來、傅新明及他的侄兒陳柏君，他們算是石圍墻第五代子弟班。

「子弟班」出庄粉墨登場

「子弟班」顧名思義全由男士所組成，因此演出時常需男扮女裝。成員除了會武場外，文場的弦索、鑼鼓、嗩吶也行，當時常演的戲碼有「羅通掃北」、「武四門」、「太平橋」、「趙匡胤困河東」等十餘齣，而且完全是義務演出，不收酬勞。

到民國五〇年代初，隨著電影普及、電視出現，子弟班跟著沒落。陳北開生前曾在公館五谷岡教了一班，後來縣內有些廟宇在推廣子弟班，教授有些是他的同門師兄弟，也有他的弟子，但現在的子弟班只是文場演出，除了練弦索、鑼鼓、嗩吶外，只有清唱，已不再粉墨登場。

八七水災後的移民潮

「石圍墻歷經辛亥年（一九一一年）後龍溪改道、昭和十年（一九三五年）中部大地震後，隨著後龍溪沿岸堤防的加強，民國四十八年（一九五九年）八七水災及五十二年（一九六三年）葛樂禮颱風的山洪都有驚無險，但隨著人口的繁衍，地方就業不易，為了謀生，八七水災後有批庄民移民到花東縱谷的關山、池上。」

謝春梅的石圍墻鄰居如賴來有、李月妹夫婦、賴阿象、賴阿豹兄弟、邱德賢等都在這個時候移民花東縱谷，主要在台東縣的關山、池上落腳。謝春梅原住在銅鑼樟樹村的四位舅舅吳遠宜、吳遠松、吳遠田、吳遠鳳也移民到池上。

「石圍墻的一坵田，在後山可換兩坵多。」謝春梅有年到池上看舅舅，發現賴來有、李月妹夫婦跟舅舅還是鄰居，喜歡唱山歌的賴來有在餐會上還帶動唱，其樂融融。

庄民富拓墾精神

「我的姑丈賴阿象、賴阿豹兄弟與堂兄邱德賢，都是八七水災後移民到關山、池上，賴阿象、賴阿豹在關山地區拓墾了三、四十甲田地，成為當地的大地主。」

邱德忠認為兩百年前吳琳芳率六庄人開墾石圍墻後，被稱為「南粵庄」或「石城」的石圍墻，庄民早就富有拓墾精神；而石圍墻位居苗栗河谷平原南方之水頭，是開發後龍溪上游內山的前進寨堡，致也有庄民再往大湖、獅潭、泰安拓墾。

作家李喬的大河小說《寒夜三部曲》，前往大湖蕃仔林拓墾的彭阿強是佃農，劉阿漢是隘丁，他們都是從石圍墻出發，前往蕃仔林。同樣地，八七水災後又有批庄民前往花東縱谷拓墾。

二〇一八年初筆者到花東做田野調查，在台東訪問了賴來有、李月妹夫婦的長子賴順賢（一九四七年生），他在石圍墻出生，原念福基國小，五年級時跟著父母移民到台東池上，以西部約五分地，換後山一甲多的田地耕種。

到後山仍舊晴耕雨讀

賴順賢僅初中畢業，靠著自修苦讀考公職，從二職等書記幹起，再通過普檢、丙等特考、高檢、乙等特考及格。職務也從書記、課員、課長、民政局長、縣政府主任秘書到代理台東縣長，仍維持了客家晴耕雨讀的刻苦精神。

賴順賢緬懷童年在石圍墻成長的歲月，他出生不久因營養不良，得了「慢皮風」（猴人症），母親曾揹給謝春梅醫師看，開了「雞肝燉中藥」的藥方，吃後身體就壯起來了。石圍墻移民池上、關山的不少，他在陳建年、徐慶元擔任台東縣長時，分擔任民政局長、主任秘書，吳俊立當選縣長後，因案停職，他還代理縣長四個月；直到吳俊立的太太鄺麗貞補選當選縣長後，他才申請退休。黃健庭當選縣長後，借重他以前的歷練，又延攬他擔任了一年半的副縣長。

謝春梅得知賴順賢苦讀有成，肯定他是客家人耕讀傳家的典範。台灣光復初期百姓生活貧困，產婦奶水不足，嬰兒吃磨的米粉充饑，只有澱粉，缺乏蛋白質、維生素，他也學過中藥，才會配「雞肝燉中藥」的藥方給賴順賢，主要是給孩子補充營養，有了營養，嬰兒身體自然就健壯起來。

▲八七水災後移民台東關山的賴順賢，曾代理台東縣長。

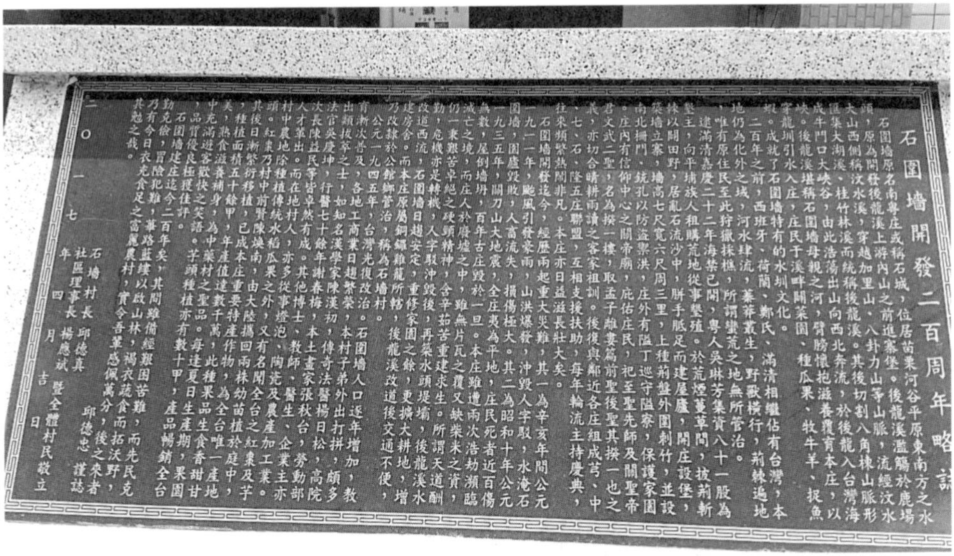

▲苗栗高中退休老師邱德忠（下圖）談石圍墻歷史，並撰〈石圍墻開發二百周年略誌〉之紀念碑文（上圖）。

自學成功的典範

邱德忠〈石圍墻開發二百周年略誌〉也提到：

……本村村民外出打拚，頗多出類拔萃之士，如知名漢學家陳漢初、傳奇法醫楊日松、高院法官吳慶坤、行醫七十餘年謝春梅、本土畫家張秋台、勞動部次長陳益民等皆卓然有成。其他博士、教師、醫生業主亦人才輩出……

的確，像謝春梅、吳慶坤、賴順賢都沒有受高等教育，卻靠著自學在醫界、法界、政界闖出一片天，都是庄民刻苦成功的典範。

台灣紅棗之鄉

民國七〇年代，台灣陶瓷業最盛時，公館是著名的陶瓷之鄉，石圍墻、福基、福星一帶工廠林立，隨著陶瓷業的沒落，這廿年來石圍墻已發展成精緻農業重鎮，其中以紅棗產值最為驚人，再來是芋頭。公館是全台唯一的紅棗產地，現種植面積已達七十餘公頃，其中有八十五％棗園位於石圍墻，以每公頃年產值一萬五千斤計，年產量已達上百萬斤，年產值達上億元。

石圍墻紅棗樹是一百餘年前，已故鄉賢陳煥南從大陸移植過來，只種了兩棵，後逐年分株栽培，已發展成地方主要特產。陳煥南是陳北開的祖父，陳北開生前受訪說，日治末期因中日戰爭，大陸紅棗一度無法進口來台，陳家生產的紅棗成為主要中藥材，才在庄內擴大種植。

▲揆一樓是石圍墻庄民信仰中心。

▲石圍墻庄內的舊石圍墻遺跡。

謝春梅的女兒謝玉容、兒子謝其欣現都在石圍墻後龍溪旁的河川地種紅棗，謝春梅偶爾也會到紅棗園觀看，感受務農之樂。

邱德忠也種了幾分地紅棗，他認為是高經濟價值的農作物，而石圍墻近年來在推展精緻農業、社區營造都有相當成就，如黃金小鎮就獲得今年農委會優選獎。

拓墾故事搬上螢幕

兩百年前吳琳芳率領六庄人士開墾烏溪河（後龍溪）上游石圍墻，父子並與邱荀在出磺坑一起開採石油，經張毅訪問石圍墻先賢陳北開等人，寫成大河小說《源》，於民國六十九年（一九八〇年）由中影公司先拍成電影上映；民國九十九年（二〇一〇年）客家電視台又將《源》搬上螢幕，拍成客語電視劇，均獲得廣大迴響。

《源》是結合石圍墻開墾與出磺坑開採石油的故事，出磺坑舊名硫磺坑，位於石圍墻上游，牛鬥口旁，吳琳芳在拓墾過程中，認識了給原住民當養子的漢人邱荀，邱荀在出磺坑發現「火油」，吳琳芳認為有開採價值，乃邀請外國技師，克服萬難開鑿了亞洲第一口油井。

電影《源》由張毅、張永祥編劇，陳耀圻導演，片中吳琳芳（王道飾演）、江婉（徐楓飾演），從關懷到萌生情愛，卻無法見容江婉父親（關山飾演），兩人乃離鄉拓墾，胼手胝足，直到除夕才回家團圓。

劇中融入客家民俗

劇中融入不少客家民俗劇情，如七月普渡、酬神、演戲、放水燈；以及吳琳芳次子返家，知父已逝，一步一拜，跪行入家門，老師（石雋飾演）憤而鞭之，都表現得婉轉細緻。

片中除有客家人與原住民，因風俗習慣不同的衝突，也有與洋人因民風差異所產生的誤會。客家婦女穿的藍衫，是婦女們開設的染房浸染；而婦女們跟著男人一樣下田耕作，也展現客家婦女「四頭四尾」（家頭教尾、田頭地尾、灶頭鍋尾、針頭線尾）特質。

客家電視台將《源》拍成客語電劇，由賴水清、黃偉傑導演，張善為、徐麗雯飾演吳霖（琳）芳、江婉夫婦，兩人皆是客籍演員，江婉父親也由資深客籍演員唐川飾演。

地方志記載吳琳芳是在一場宴會中，遭人在鴨肝下毒毒死；但張毅小說卻說吳霖（琳）芳殉身火海。內容雖與地方志史有些出入，但不影響客家先民拓墾的精神與內涵。

「生於斯，長於斯」，九十七歲高齡的謝春梅見證了石圍墻百年來的變遷；而歷經兩百年的石圍墻已成富麗農村，也是台灣客家先民胼手胝足的縮影。

人道送行者

「有生就有死，人老要『轉老家』，是很自然的，我以醫師專業相驗，不會恐懼害怕，也為他們送行。我曾驗過多位上百歲人瑞的遺體，最高齡的是一〇六歲，都非常慈祥，證明死不足懼。」

謝春梅這廿餘年來不僅留在偏鄉為患者看病，一般醫師不願做的行政相驗，他也以做功德的心情，幫轉老家者相驗，為他們送行。

跟吳遠裕學驗屍

「日治時期我在新竹跟舅舅吳遠裕學醫時，因舅舅跟新竹州政府關係很好，是州政府的囑託醫院，那時沒有法醫，碰到他殺、自殺、意外死亡，就請舅舅擔任法醫，在檢察官、警察的陪同下驗屍，開具死亡證明書，家屬遺族才可以下葬。」

謝春梅還未考取乙種醫師執照前，已陪同舅舅驗過很多屍體，各種死狀他都看過，以前給火車輾斃，屍塊還要一塊塊撿起來。

隨著科技進步，刑事鑑定已邁向科學化，現不僅各縣市地檢署設有法醫，亦設有刑事鑑識科，碰到重大刑案、意外死亡、他殺，大都由法醫、刑事鑑識人員驗屍，稱為「司法相驗」。前幾年過

▲副總統陳建仁頒醫療奉獻獎給謝春梅。

世的刑事警察局法醫楊日松，是他公館同鄉，也是台灣法醫界的翹楚。

台灣光復後，謝春梅開設福基診所行醫，很少下鄉驗屍，而一般行政相驗也由鄉鎮市衛生所主任負責；直到這廿年來因很多醫師不願驗屍，他經人拜託始恢復從事行政相驗工作，沒想到卻「脫」不了手，變成他每天的主要工作之一。

方便喪家處理後事

「我相驗的都是一般病死的，因台灣民間有留一口氣讓死者回家，壽終正寢的習俗，而有些醫院又不願開具死亡證明，致喪家與葬儀社無法幫死者辦理後事，都常找我相驗遺體，開具驗屍死亡證明。」

謝春梅若碰到死者是他的長期病人，他會直接開具死亡證明，不必行政相驗；需要行政相驗的大都是在家裡突然病死者。

驗屍紅包成奠儀

謝春梅驗屍時，碰到死者是自己親友、同學，難過勢所難免，一般他認識的人，驗屍包的紅包，在驗屍完畢離去時，就當成奠儀包回去，也當作是對親友的悼念。有些老病人去世時，縱使死亡證書不是他開的，家屬或葬儀社也沒有請他行政相驗，他仍會去上香致意並包奠儀，送老病人人生最後一程。

「驗屍前，我會先上香，以尊敬死者，再檢查遺體狀況，我都身穿白袍、戴手套驗屍，這幾年我驗過的往生者，絕大多數年紀都比我小，尤其碰到壯年去世，留下妻子與年幼子女者，我不但不會收紅包，還會多添奠儀。」

謝春梅這廿餘年來相驗的遺體，平均一天有一、兩件，至今累積驗過的遺體已多達五、六千具以上，若碰到冷熱交接季節，也曾有過一天驗五、六具遺體的記錄。他驗屍最遠的地方南到台中大甲，北到新竹，一般來說葬儀社或家屬會派車來接他，最辛苦時曾一天跑五、六個地方，相當辛苦。

爬山驗聾啞者屍體

「有回一名獨身聾啞中年男子，死在公館福德村打鹿坑山上，因為要爬山，鄉衛生所主任不願上山相驗，也要我去驗屍。我爬到山上驗屍後，覺得他身世可憐，也不忍收家屬包的紅包，當作做功德。」

照規定一般病逝，鄉鎮市衛生所主任要負責行政相驗，但很多年輕醫師不願做，謝春梅在人情拜託下，卻幾乎沒有拒絕，而他看過太多人生生死，都以專業、平常心看待，也不會迷信。

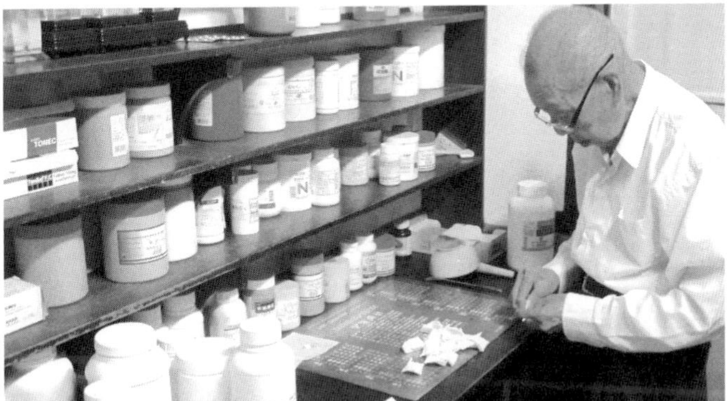

▲謝春梅在診所配藥的身影。

▲九十七歲高齡仍下鄉行醫、驗屍的謝春梅。

行政相驗費用從一千元至四千一百五十元不等，他都折中收二千元，但碰到清苦、可憐的家庭，則不收。

有回苗栗市南苗新生地有位外省籍老人，起床撞到玻璃門頭部受傷，屬於意外死亡，謝春梅前往驗屍後認為應該請檢察官來相驗，但南苗派出所警員打電話問檢方，檢方卻回覆：「謝老醫師驗屍非常專業，他驗過就可以了。」

柿子成熟期病患較少

「以我行醫、驗屍經驗，每年柿子成熟期，病患與驗屍都比較少，可能那時氣候比較涼爽，一般慢性病發作較少。」

謝春梅的福基診所隔條後龍溪，對岸就是河排，是台灣最主要的牛心柿產地，而每年秋末柿子成熟時，他感覺不論病患看診，或是下鄉勘驗大體，都比平常來得少，他認為可能這段季節秋高氣爽，一般臥床的慢性病患者，病情也比較穩定。

不久前，他到大湖幫一位近八旬的老太太驗屍，死者孫女好奇問他幾歲？他告訴她已九十七歲，令她非常訝異，不敢相信他如此高齡下鄉驗屍還那麼仔細、專業。

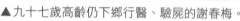

人瑞遺容非常慈祥

他曾驗過一百零四、一百零五、一百零六歲去世的人瑞，感覺遺容都非常慈祥，真的是安祥辭世駕鶴西歸，致死亡就像落葉歸根，並不可怕。

一百零六歲人瑞名叫何有貴，生於日治大正二年（一九一三年），住在獅潭鄉豐林村，民國一〇七年六月去世，是他相驗過年紀最大的人瑞，他將收到的紅包，當場轉成奠儀包回給家屬，算是給這位人瑞送行。

何有貴不是謝春梅的病人，但謝春梅早就知道何有貴養生有道，常年當廟祝，有信仰寄託，也寫得一手好毛筆字，百餘歲還揮毫幫人寫春聯。

子姪看了也不忍

謝春梅的五子謝其欣、姪兒謝其文、謝其俊兄弟都是醫師，也不忍父親、伯父那麼大把年紀了還去驗屍，實在太辛苦了，何況這種工作一般年輕醫師都不願做，他卻以做功德的心情，從不推辭。

謝其欣說，他曾建議父親不要再做了，但父親已經做習慣了，停不下來。生命充滿了韌性，如果不給他做，反而不利健康，故只好隨他意。

▲謝春梅屢獲醫療奉獻獎，獲前衛生署長張博雅（左）頒獎表揚，圖右是全國醫師公會理事長蘇清泉。

二〇〇八年由日本導演瀧田洋三郎執導，影星本木雅弘、廣沫涼子、山崎努等人主演的劇情片《送行者：禮儀師的樂章》，改編自青木新門的回憶錄《納棺夫日記》，記錄一位從事大提琴事業失敗，轉行做喪葬化妝的禮儀師，如何以敬業、專業的精神給往生者化妝，作最後的送別，其中一位往生者竟是他幼年離家的父親，劇情感人肺腑。

「我有機會見到你最後的尊容，為你送行。」謝春梅雖非禮儀師，但他勘驗遺體時，對往生者的尊重與敬業，同樣也是送往生者最後一程，且是位充滿人道關懷的送行者。

感恩與自省

人生邁入第九十七個年頭，謝春梅行醫、驗屍的腳步未曾停歇，能成為偏鄉醫師，守護鄉土，他感恩學醫路上一路提拔他的恩人。

他反躬自省，若說人生有愧，是愧對兩個太太，「大的有忍，小的有讓」，同在一個屋簷下相處四十四年，彼此都在忍讓，多少也影響了子女，但他對子女未曾刻薄。

感謝學醫貴人

「我身在日本殖民時代，日人治台雖有差別待遇，但日本給台灣引進現代化的醫學教育，為培養偏鄉醫師，也建立『師徒制』的乙種醫師檢定考試，讓我取得證照，行醫一生，我除感謝此制度，更要感謝在學醫路上提攜指導我的恩人。」

謝春梅感謝待他如弟、如姪的「見妹姑」（陳見妹），已故公館庄長徐定標，他倆是鼓勵他走上學醫之路的貴人。他先後跟張純敏、周朝棟、劉家樑、吳遠裕、彭熙庚等人學醫，跨足齒科、內科、眼科、外科、婦產科，甚至連法醫也學，他們都是他學醫的臨床恩師。

林喜蘭、周廷鑫、江嶸基、葉律明這幾位醫界前輩或同年，他們不但提供醫師檢定考的講義、資料，平日亦對他指導有加，亦同樣是他學醫路上的貴人。若說有憾，如果能受正統的醫學院教育則更加，但他已知足。

躲過幾次人生劫難

「我以近百高齡仍能行醫、為往生者『送行』，得感謝蒼天，讓我躲過多次劫難，我經歷過石圍墻大地震，險當神風特攻隊隊員，在台北馬偕醫院受訓時，也躲過盟軍大轟炸，這些都受到老天爺的眷顧。」

一九三五年石圍墻大地震，庄民死了一百餘人，才兩個月大的三弟謝發達也慘死，他幸運躲過。他從小喜冒險、愛玩，報考航空少年兵，錄取熊谷飛行學校，因他是偷刻父親印章報考，且父母親反對，身家調查未通過，否則二次世界大戰末期，他很可能是神風特攻隊隊員，駕自殺飛機衝撞盟軍戰艦殉職了。

他考取乙種醫師執照，參加總督府「南方要員錬成所」訓練，準備當軍醫派往南洋，結果還未派日本就戰敗投降。他受訓時，碰到盟軍轟炸，他臨時躲到熱帶病防治所附近防空壕，躲過一劫，當天躲在原訂泌尿科防空洞的學員則全部罹難。除了這三事，他兩度腦血管阻塞，也幸發現得早，都化險為夷。

造林做功德

「我除了行醫，也投資過香茅油，造過林，有賺有賠，其中所造的林早已成林，有數十甲，卻無法砍伐，等於幫政府造林，維護水土保持。」

謝春梅經過人生大風大浪，他光復前後有購買近百甲山的財力，卻因通貨膨脹，「四萬舊台幣換一元新台幣」，一夕化為烏有；他在六十餘年前與邱其銘在泰安山區造林數十公頃，早已成林可砍伐，但申請道路，都因水土保持問題一直不准，致等於免費幫政府造林，他也當作在做功德。

這幾十年來兒子投資事業失敗，虧了不少錢，經歷大風大浪的他也看得開，凡事有成有敗，只要無愧於心就好。

他一生熱心公益，出錢出力，單福基國小家長會長就當了三十一年，從兒子念書，當到孫子念書，恐鮮有人比他當得還久。他也熱心體育，擔任多年的鄉體育會理事長。

從不怨天尤人

近廿年來，謝春梅連續遭受喪子女、女婿、外內孫之痛，令關心他的地方人士看了非常不忍，甚至有人捕風捉影，是否他家地理、風水有問題？他雖悲痛難抑，但並不迷信，也坦然面對，從不怨天尤人。

他與好友閒談時，常自省今生在為人處事方面，那點有愧？他感覺行醫一生都在救人、助人，甚至這廿年來常幫往生者行政相驗，是在幫喪家與殯葬業者方便處理後事，也是以專業、敬業的態度去做，也算是做功德。

愧對兩個太太

「若說人生有愧，我認為是愧對兩個太太，三十二歲那年，因自己一時的輕狂，再娶二房太太，結果是傷了兩個妻子，同在一個屋簷下一起生活了四十四年，表面平和，其實是『大的有忍，小的有讓』，彼此壓抑，真的太難為她倆了。」

▲年輕時的陳成妹與子女合影。

▲中年時的陳成妹。

▲陳成妹（前排右一）與娘家父母、長輩、弟妹合影。

▲劉蓮英與謝春梅共度晚年，鰜鰈情深。

▲謝春梅（右）的岳父劉東儒（中）經營煤礦事業，一起勘查合影，圖左是劉權伊。

▲年輕時的劉蓮英，清麗脫俗。

謝春梅私下常說，陳成妹與他同年，雖沒有念書，卻知書達禮，非常賢慧；劉蓮英小他十四歲，並不驕縱，且非常敬重婆婆、大姐。陳成妹七十六歲過世，讓他難過多年；劉蓮英陪他度晚年，遭遇一連串的世事滄桑，並細心照顧他，也真難為她了。

「我忙於行醫、參政、投資事業，對子女教育採取較放任的態度，都交給太太在管，可能在親子教育方面有所不足，但我從不苛責子女，也未要求回報，子女投資事業也盡力幫忙，至於成敗則非我所能掌控。」

謝春梅認為子女都滿有事業企圖心，但每人境遇不同，事業失敗，也不忍苛責；而人生要活就要動，致他一生也不依靠子女，至今行醫、相驗仍樂此不疲。

接觸生老病死

「行醫七十餘載，每天接觸鄉民的生、老、病、死，尤其這廿餘年來從事行政相驗，更看盡人世滄桑，也會想到自己病逝的至親，雖痛也得面對，而人生本就有悲歡離合。」

謝春梅回顧行醫歲月，他視病猶親，致很多年邁病患見他前來把脈、打針、施藥，並貼心垂詢病情，心情也跟著好起來，視他為暮年的「守護神」；一旦病患往生，他也樂於相驗，沒有忌諱，並認為能見往生者最後尊容，讓他們通往西方極樂世界，也是人生至高的服務。

醫師的執業證照，每六年要更換一次，謝春梅上一次換照是九十四歲那年，致他期待百歲高齡時再度換照，並繼續行醫，一直到終老為止。

地方舉辦沐恩音樂會

水彩畫家張秋台、客語薪傳師劉明猷、謝春梅的忘年之交彭鈺明等人，感佩謝春梅年近百歲仍行醫不輟，民國一〇六年十一月十八日晚在福基國小舉辦「春梅醫師行醫七十三年沐恩音樂會」，先以傳統客家菜四炆四炒招待來賓，席開三十桌，接著舉行露天音樂會，場面熱鬧溫馨。

從二〇〇八年以來，醫界幾每年都提報他「醫療奉獻獎」，先後接受過馬英九、蔡英文總統頒獎表揚，但他卻謙虛表示，他已得獎多次，希望不要再報他了，應將機會讓給其他醫師才對。

▲地方人士發起「春梅醫師行醫 73 年沐恩音樂會」。

謝春梅大事年表

西元	日治／民國	重要事蹟
一九二二	大正十一年	十一月六日，生於公館庄石圍墻，父親謝長煌、母親謝吳新妹，是家中長子。
一九二七	昭和二年	徐定標卸下公館庄長，黃玉盛繼任庄長。
一九二八	昭和三年	二弟謝春蘭出生。
一九三三	昭和八年	祖母謝乙妹過世，享年五十九歲。
一九三五	昭和十年	● 四月二十一日，清晨六時二分一六秒，發生芮氏七．一中部大震地震，震央在三義關刀山，石圍墻災情慘重，才兩個月大的三弟謝發達不幸罹難。 ● 公館公學校學生詹德坤遭地震壓成重傷，死前聽說在日本師長前唱日本國歌，後被日本殖民政府選為宣傳樣板，豎銅像，拍電影，編入教科書。
一九三六	昭和十一年	● 三月，黃玉盛卸下公館庄長，庄長改由日人森山彌一出任。 ● 六月，從公館公學校畢業，經陳見妹介紹，與堂弟謝冬嶽前往屏東張純敏牙科診所學做齒模。 ● 十二月，返回石圍墻，到中小義徐定標開設的輾米廠當雜工。
一九三七	昭和十二年	● 二月，徐定標介紹到公館長安醫院，擔任周朝棟醫師的「藥童」。堂弟謝冬獄到竹東當周朝鑼（周朝棟的弟弟）醫師的「藥童」。 ● 七月七日，大陸河北盧溝橋發生「七七事變」，日本稱「中日事件」，中日正式宣戰。

西元	日治／民國	重要事蹟
一九三八	昭和十三年	● 繼續跟周朝棟醫師學醫。 ● 報考日本少年飛行兵，錄取熊谷飛行學校，因家世調查未通過，父母也不同意，致最後未准入學。
一九三九	昭和十四年	● 繼續跟周朝棟醫師學醫。 ● 八月考取嘉義商工學校，並入學就讀。
一九四〇	昭和十五年	● 六月，嘉義商工念一年未再念。 ● 七月，到苗栗劉家樑眼科診所服務，跟劉家樑醫師學眼科醫療兩個多月。 ● 十月，到新竹市岩田醫院服務，跟吳遠裕醫師學醫術，並立志準備乙種醫師試驗考試。
一九四一	昭和十六年	● 續在新竹岩田醫院服務。 ● 與石圍墻鄰居陳成妹訂婚。 ● 十二月七日日本偷襲珍珠港，發動太平洋戰爭。
一九四二	昭和十七年	● 續在新竹岩田醫院服務，並跟南鄉婦產科醫院醫師彭熙庚學臨床，跟新竹醫院森主任學外科。 ● 與陳成妹結婚
一九四三	昭和一八年	● 八月三日，通過乙種醫師學說試驗合格。 ● 八月十七日，在台北帝國大學醫學部附屬醫院進行實地試驗，婦產科未通過。 ● 九月十九日，陳日陞與張玉彩結婚，有情人終成眷屬。
一九四四	昭和十九年	● 十月六日，通過台灣總督府乙種醫師試驗及格，由台灣醫師試驗委員長台灣總督府總務長官齋藤樹頒第九十七號醫師試驗合格證書。 ● 十一月，參加乙種醫師講習訓練，由台大醫學部教授授課，受訓地點借馬偕醫院，包括學科與臨床。

西元	日治／民國	重要事蹟
一九四五	昭和二十年 民國三十四年	● 一到三月，繼續參加乙種醫師講習訓練。 ● 三月十六日，美軍轟炸敕使大道，馬偕醫院一帶死傷慘重，謝春梅躲過一劫。 ● 三月二十九日，盟軍轟炸銅鑼，醫師彭天桂一家五口罹難。 ● 五月，獲新竹州政府派任台灣總督府博愛會福基戰時診療所主任，並兼任公館瘧疾防治所主任。 ● 五月三十一日，美軍大轟炸台北，三千多人死亡，總督府也遭擊中，同期受訓也是公館同鄉的徐傳雲醫師不幸罹難。 ● 八月十五日，日本昭和天皇宣布無條件投降。回石圍墻庄家看診。 ● 十月二十五日，台灣總督安藤利吉、台灣總督府警務局長沼越正已頒「醫師免許證」，准在新竹方苗栗郡公館庄福基開業。
		● 十月二十五日，在台北公會堂（中山堂）舉行受降典禮，台北行政長官陳儀代表蔣介石受降，安藤利吉將降書交給陳儀，台灣正式光復。 ● 十月二十五日，原公館庄役場助役湯甘來接收公館鄉，擔任官派鄉長。 ● 開設福基診所，開始執業。
一九四六	民國三十五年	● 新竹縣政府衛生局長發給台灣省乙種醫師照證書。 ● 天花傳染病從大陸境外傳染，公館發生多起。 ● 實施地方間接選舉，劉開英當選福星村長、江連漢福基村長、吳明炎石墻村長。劉恩源當選公館鄉長、副鄉長劉賡鳳、代表會主席湯甘實、縣參議員楊日恩。
一九四七	民國三十六年	● 台灣發生「二二八事件」，苗栗壯丁團團長劉闊才等多人被捕。
一九四八	民國三十七年	● 農曆春節除夕夜到正月初一凌晨，台灣白喉傳染病流行，三名三歲男童先後送來急診，因診所只剩兩瓶血清，坐輕便車到苗栗取血清，救回三名病危男童。

西元	日治／民國	重要事蹟
一九四九	民國三十八年	● 五月十九日，國共內戰國民黨政府軍節節失利，省主席陳誠宣佈台灣開始戒嚴。 ● 六月十五日，政府宣佈四萬舊台幣換一元新台幣。 ● 十二月，狂犬病流行，他先後碰到三位病例，都是男童，因無藥可醫，愛莫能助。 ● 十二月七日，大陸淪陷，國民政府遷來台北。
一九五〇	民國三十九年	● 為實施方自治，將全台十七縣市變更為二十一縣市，原新竹縣、市，重新劃分為桃園、新竹、苗栗三縣。
一九五一	民國四〇年	● 四至七月，考試院長鈕永建發給醫事人員合格甄選證書；內政部長余井塘發給醫事人員甄選暫准執業證明書、醫師證書。 ● 五月一日，劉定國就任首屆縣長。五月二日，高等法院判劉定國具軍人身當選無效。五月三日，劉定國下台。 ● 八月十五日，縣長重新改選，賴順生就任首屆縣長。
一九五三	民國四十二年	● 一月八日，與劉開英、王定松、謝阿輝同時加入國民黨。 ● 七月三日，參加國防部地方醫事人員衛生勤務講習班醫師班第十二期結業，總統蔣中正贈予玉照。
一九五四	民國四十三年	● 五月二十日，參謀總長周至柔頒授預備軍官證書。 ● 再娶如夫人劉蓮英。
一九五八	民國四十七年	● 六月一日，就任第六屆公館鄉民代表。 ● 八月二十三日，金門發生「八二三砲戰」。 ● 十月，接任福基國小家長會長。
一九五九	民國四十八年	● 七月一日，接公館鄉民眾服務分社理事長。 ● 八月七日，連日豪雨造成「八七水災」，重創中台灣，六六七人死亡，四〇八人失蹤，苗栗縣也災情慘重。

西元	日治／民國	重要事蹟
一九六〇	民國四十九年	● 二月，當選公館鄉民代表會第六屆副主席。 ● 十一月二十日，出任公館鄉體育會理事長。
一九六一	民國五十年	● 一月十五日，被國防部徵召擔任軍醫半年，放棄參選五屆縣議員。。
一九六三	民國五十二年	● 九月十二日，葛樂禮颱風重創北台灣，全台二百二十四人死亡，八十八人失蹤。公館也災情嚴重，後龍溪河頭堤防差點潰堤，災後地方人士搶搬運大水材（漂流木）。
一九六八	民國五十七年	六月一日，劉蓮英就任第九屆鄉民代表。
一九六九	民國五十八年	父親謝長煌去世，享年六十九歲。
一九七二	民國六十一年	農曆正月十六日，吳遠裕在三義鄉長任內去世，享年七十三歲。
一九七三	民國六十二年	五月一日，劉蓮英就任第八屆苗栗縣議會議員。
一九七七	民國六十六年	十二月三十日，劉蓮英就任第九屆苗栗縣議會議員。
一九八一	民國七十年	十一月十四日，謝金汀以九五〇六三票當選苗栗縣第九屆縣長，江聰仁則以八〇六六六票落敗。
一九八二	民國七十一年	三月一日，劉蓮英就任第十屆苗栗縣議會議員。
一九八六	民國七十五年	三月一日，劉蓮英就任第十一屆苗栗縣議會議員。
一九八八	民國七十七年	母親黃吳新妹去世，享年八十六歲。
一九八九	民國七十八年	● 一月十日，四子謝其昌、五子謝其欣同日結婚。 ● 卸下福基國小家長會長，共當了三十一年。
一九九四	民國八十三年	免費幫貧困家庭治病，獲苗栗家扶中心頒贈醫奉獻獎。
一九九五	民國八十四年	三月一日，政府開辦全民健康保險。
一九九七	民國八十六年	元配陳成妹過世，享年七十六歲。
二〇〇七	民國九十六年	十二月十九日，劉開英病逝，享年八十六歲。

西元	日治／民國	重要事蹟
二〇〇八	民國九十七年	榮獲台灣醫療貢獻獎殊榮，獲馬英九總統頒獎。
二〇一六	民國一〇五年	榮獲資深醫療貢獻獎，獲蔡英文總統頒獎。
二〇一七	民國一〇六年	● 石圍墻庄開庄兩百週年。 ● 十一月十八日，張秋台、彭鈺明、劉明猷等人發起「謝春梅老醫師行醫七十三載餐會、音樂會」，在福基國小舉行，席開三十桌，餐後舉行音樂會。 ● 十二月二十九日，長女謝玉枝的兒子王鵬鈞結婚。
二〇一八	民國一〇七年	一月二日，二弟謝春蘭去世，享年九十歲。

參考書目

◆何來美《笑問客從何處來》，一九九五年，苗栗縣立文化中心。
◆何來美等著《鄉賢談歷史》，一九九六年，苗栗縣立文化中心。
◆何來美《劉黃演義》，一九九七年，台北台灣書店。
◆何來美《台灣客家政治風雲錄》，二〇一七年，台北聯經。
◆徐永欣主編《三義鄉志》，二〇〇九年，三義鄉公所。
◆莊永明《台灣醫療史——以台大醫院為主軸》，一九九八年，台北遠流。
◆陳永興《台灣醫療發展史》，一九九七年，台北月旦。
◆陳永興《台灣醫界人物誌》，二〇〇四年，台北望春風文化。
◆黃鼎松主編《公館鄉誌》，一九九四年，公館鄉公所。
◆黃鼎松主編《銅鑼鄉誌》，一九九八年，銅鑼鄉公所。
◆陳漢初《石圍墻越蹟通鑑》，一九四六年。
◆陳日陞撰述、張玉彩修正《回憶求婚點點滴滴紀實》，二〇〇三年。

鄉醫鄉依：謝春梅回憶錄

2018年11月初版　　定價：新臺幣340元

著者	何來美
叢書編輯	林莛蓁
封面設計	吳文馨
內文排版	李信慧
編輯主任	陳逸華

出版者	聯經出版事業股份有限公司
地址	新北市汐止區大同路一段369號1樓
編輯部地址	新北市汐止區大同路一段369號1樓
叢書主編電話	(02)86925588轉5315
台北聯經書房	台北市新生南路三段94號
電話	(02)23620308
台中分公司	台中市北區崇德路一段198號
暨門市電話	(04)22312023
台中電子信箱	e-mail：linking2@ms42.hinet.net
郵政劃撥	帳戶第0100559-3號
郵撥電話	(02)23620308
印刷者	世和印製企業有限公司
總經銷	聯合發行股份有限公司
發行所	新北市新店區寶橋路235巷6弄6號2樓
電話	(02)29178022

總編輯	胡金倫
總經理	陳芝宇
社長	羅國俊
發行人	林載爵

行政院新聞局出版事業登記證局版臺業字第0130號

本書如有缺頁，破損，倒裝請寄回台北聯經書房更換。　ISBN 978-957-08-5208-0 (平裝)
聯經網址：www.linkingbooks.com.tw
電子信箱：linking@udngroup.com

全書使用之照片（含封面及封底），由何來美、吳喜松、劉榮春、
鍾志正、謝春梅（依姓氏筆劃排序）提供

國家圖書館出版品預行編目資料

鄉醫鄉依：謝春梅回憶錄/何來美著．初版．新北市．
聯經．2018年11月（民107年）．312面．14.8×21公分
ISBN 978-957-08-5208-0（平裝）

1.謝春梅　2.醫師　3.回憶錄

783.3886　　107018565